REIKI
Heilsame Lebensenergie

Selbstheilungs-
kräfte aktivieren,
Lebenskraft
stärken,
Kreativität
und Freude
wecken.

Einführung in
die Methode.

Judith Hilswicht

GU GRÄFE UND UNZER

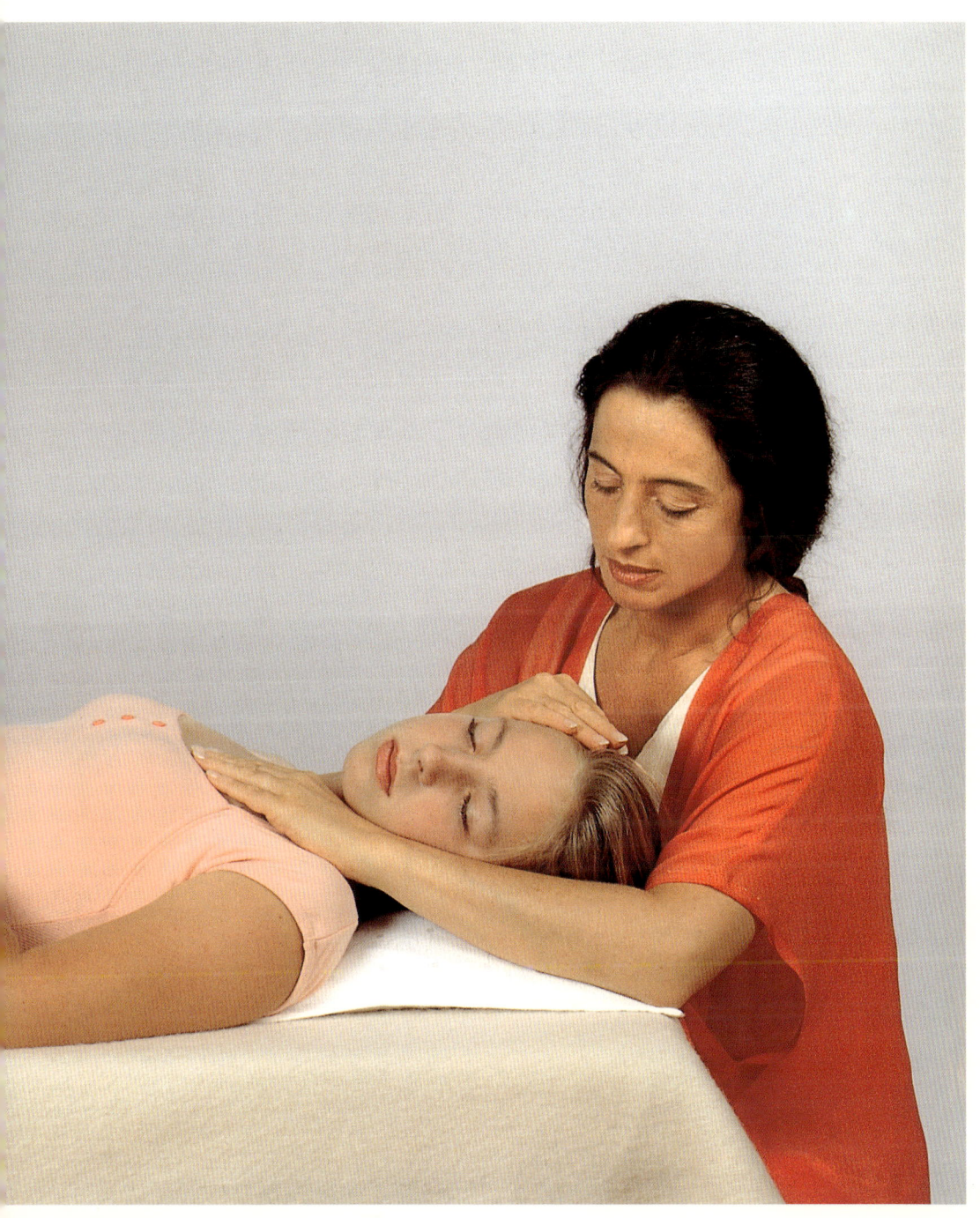

Judith Hilswicht

in Heidelberg geboren, Studium der Heilpädagogik, vier Jahre individual-psychologische Beraterausbildung nach Alfred Adler in Aachen. Weiterbildung in verschiedenen holistischen Methoden der Psychologie wie Bioenergetik und Transaktionsanalyse, unter anderem in Kalifornien und Kanada.

Seit 1989 Reiki-Meisterin und aktives Mitglied der *Reiki Alliance*. Tätig in eigener Praxis und in verschiedenen Städten Deutschlands.

Wichtiger Hinweis

Reiki ist eine natürliche Heilmethode zur Selbst- oder Partnerbehandlung. Sie kann ärztliche oder psychotherapeutische Behandlungen ergänzen, jedoch nicht ersetzen. In jedem Falle ist bei allen unklaren Beschwerden, bei akuten Krankheiten oder bei Unfällen ein Arzt aufzusuchen. Jeder Leser ist aufgefordert, in eigener Verantwortung zu entscheiden, ob und inwieweit er eine Selbst- oder Partnerbehandlung durchführen möchte.

© 1995 Gräfe und Unzer Verlag GmbH, München.
Alle Rechte vorbehalten. Nachdruck, auch auszugsweise, sowie Verbreitung durch Film, Funk und Fernsehen, durch fotomechanische Wiedergabe, Tonträger und Datenverarbeitungssysteme jeder Art nur mit schriftlicher Genehmigung des Verlages.

Lektorat: Felicitas Holdau
Fotos: Anette Berns
Layout-Konzept: Ludwig Kaiser
Herstellung: Monika Pamp
Umschlaggestaltung: Ludwig Kaiser, Heinz Kraxenberger
Satz: Design-Typo-Print GmbH, Ismaning
Druck: Eberl GmbH, Immenstadt
Bindung: Franz Kraus, Kempten

Printed in Germany

ISBN 3-7742-2558-3

Auflage	5.	4.	3.	2.	1.
Jahr	1999	98	97	96	95

Inhalt

Ein Wort zuvor

Erste persönliche Begegnung

Als ich 1988 zum ersten Mal von »Reiki« hörte und erfuhr, daß dies eine leicht erlernbare Heilmethode sei, die auch Geist- und Fernheilung ermögliche, wurde ich neugierig und ließ ich mich auf eine Fernbehandlung ein. Diesem Versuch stand ich eher skeptisch gegenüber – bis ich dann tatsächlich die Behandlung erhielt. Wärme durchströmte meinen ganzen Körper, und ich spürte wohlige Entspannung. Ich wurde hellwach, als ob ich Stunden geschlafen hätte. Beeindruckt von diesem Erlebnis, meldete ich mich spontan zu einem Einführungsseminar an. Diese Methode wollte ich auch lernen und anwenden können.

Seitdem ist Reiki und mein Umgang mit dieser sanften und liebevollen Energie Teil meines täglichen Lebens geworden, ebenso die Aufgabe, diese einfache und natürliche Selbstheilungsmethode möglichst vielen Menschen nahezubringen.

Sehr unterschiedliche Menschen kommen in meine Seminare. Viele wollen sich verantwortungsbewußter sich selbst und ihrer Gesundheit zuwenden, um Krankheiten auf natürliche Weise vorzubeugen und um sich und anderen mehr liebevolle Aufmerksamkeit schenken zu können. Manche suchen Klärung in persönlichen Krisen. Viele sind in helfenden Berufen tätig und suchen Entspannung und Regeneration.

Erfahrungen, die überzeugen

Welch heilende und stabilisierende Wirkung von kontinuierlichen Reiki-Anwendungen ausgeht und wie sie den persönlichen Wachstumsprozeß entscheidend beeinflussen, vor allem aber die Lebensfreude steigern, zeigen mir die positiven Rückmeldungen ehemaliger Reiki-Schüler, die über vielfältige Erfolge im privaten und beruflichen Bereich berichten. Diese überzeugenden Erfahrungen haben mich dazu bewegt, ein Buch zu schreiben, mit dem ich das Interesse an einer Heilmethode wecken möchte, die in zunehmendem Maße auf der ganzen Welt erfolgreich Anwendung findet. Ich werde die Methode vorstellen, über Sinn und Wirkung von Reiki reden und die für die selbständige Anwendung notwendigen Voraussetzungen aufzeigen. Denen, die bereits an einem Einführungsseminar teilgenommen haben, möchte ich Erinnerungsstütze geben und Sicherheit für die Behandlungen vermitteln. Anregungen möchte ich geben, im Umgang mit Reiki kreativ zu werden, um die zwischenmenschlichen Beziehungen neu zu beleben und das Verständnis von sich selbst und anderen in der Welt liebevoll zu vertiefen.

Was ist Reiki?

Es gibt mittlerweile etwa 6 500 bis 7 000 praktizierende Reiki-Meister, in allen Ländern der Erde; alleine in Deutschland sind es etwa 500 000 Menschen, die mit dieser Kraft Heilung und persönliches Wachstum bewirken. Die Faszination, die von der Reiki-Kraft ausgeht, liegt wohl darin begründet, daß Reiki hilft, wichtige Grundbedürfnisse des Menschen zu stillen: die nach Harmonie, Glück, menschlichem Kontakt durch Berührung und Selbstverwirklichung. Reiki trägt dazu bei, daß wir uns als Einheit in einer lebendigen Ganzheit erleben, und hilft damit, ein weiteres Grundbedürfnis zu stillen: das nach Zugehörigkeit. Reiki ist eine uns vertraute Energie, dem einen mehr, dem anderen weniger bewußt, die uns mit unserem Ursprung und unserem Wesenskern wieder in Berührung bringt, uns aus der Kraft der eigenen Mitte heraus unseren seelisch-geistigen Reichtum und unsere kreativen Potentiale entfalten läßt. Was ist das für eine Kraft? Woher kommt diese Energie? Welche Methode verbirgt sich hinter diesem Namen? Wem verdanken wir sie?

Reiki hilft, Grundbedürfnisse zu stillen

Universale Lebensenergie

Reiki, Reeki gesprochen, ist ein japanisches Wort: Die Silbe »Rei« meint die universale, grenzenlose und unerschöpfliche Energie, »ki« einen Teil dieser Energie, unsere persönliche Lebenskraft. So bedeutet Reiki das Zusammenfließen der universalen Energie mit unserer persönlichen Lebenskraft.
Auch in anderen Kulturen und Religionen ist diese Energie bekannt: Die Inder nennen sie »Prana«, die Chinesen »Chi« oder Ling Chi, was übersetzt Seelenenergie heißt. Christen sprechen vom Licht oder der göttlichen Kraft. Die Russen sagen Bioplasma. Wilhelm Reich, der Begründer der Bioenergetik, nannte Reiki »Orgon-Energie«. Das Wort, das wir alle hierfür kennen, unabhängig von Kultur, Hautfarbe oder Religion, ist bedingungslose Liebe.
Reiki ist die absolute, unerschöpfliche, alles umfassende und durchdringende, grenzenlose Energie, die den Raum um uns erfüllt. Sie ist die Kraft, die in allem Lebendigen fließt, in Menschen, Tieren, Pflanzen, die alles wachsen läßt und am Leben erhält, schöpferisch wird durch uns. Sie ist die Energie, die alles bewegt und miteinander verbindet.

Grenzenlose, unerschöpfliche Lichtenergie

7

Natürliche Heilmethode

*Heilen durch
Handauflegen*

Das Wort Reiki bezeichnet auch die Methode, mit deren Hilfe diese
Energie weitergeleitet wird. Es ist eine einfach erlernbare, natürliche
Heilmethode: Durch sanftes Auflegen der Hände bei uns selbst, einem
anderen Menschen, bei Tieren oder Pflanzen wird die universale
Lebensenergie übertragen. Wir sind dabei Kanal für diese Energie, die
kraftvoll wärmend durch unsere Hände fließt. Kanal sein bedeutet,
daß uns keine persönliche Energie beim Anwenden von Reiki entzogen
wird, sondern daß wir beim Behandeln einer anderen Person zugleich
uns selbst beleben; die Reiki-Kraft fließt dann ungehindert durch uns
hindurch. Regelmäßige Reiki-Behandlungen intensivieren den Energiefluß
und aktivieren unsere Selbstheilungskräfte. Unser Immunsystem wird
gestärkt, unser seelisch-geistiges Gleichgewicht stabilisiert.

Voraussetzungen für die Anwendung

*Seminar und
»Einweihungen«*

Um die Reiki-Heilmethode anwenden zu können, ist es notwendig, während eines einführenden Seminars von einer Reiki-Meisterin oder einem
Reiki-Meister des *Dr.-Usui-Systems der natürlichen Heilung* »eingeweiht«
zu werden. Jeder kann an einem solchen Seminar teilnehmen – es genügt der Wunsch, sich einweihen zu lassen, die verschiedenen Behandlungsmöglichkeiten lernen und dann anwenden zu wollen.
Vier Einweihungen sind die Voraussetzung dafür, daß Reiki, sobald wir
berühren, wieder frei und stärker als zuvor durch unsere Hände fließt
und wir bei jeder Behandlung selbst einen Energiezuwachs erfahren.
Erst dann können wir von »Reiki« sprechen, denn erst danach verbindet
sich das »Rei« wieder hundertprozentig mit unserem »Ki«.
Voraussetzung ist, daß die Einweihungen von einer Reiki-Meisterin
oder einem Reiki-Meister in der traditionellen Weise gegeben wurden
in dem hierfür vorgesehenen Rahmen, wie von Dr. Usui überliefert
(Seite 13).

Das Dr.-Usui-System
der natürlichen Heilung

In vielen Kulturen begegnen wir dem selbstverständlichen und respektvollen Umgang mit dieser Heilenergie. Denn das Wissen über die Hintergründe und Voraussetzungen, die Methode des Handauflegens anzuwenden, ist schon über 2500 Jahre alt.

Meist war dieses Wissen nur Priestern oder auserwählten Persönlichkeiten zugänglich. Es waren Menschen, die die seelische und geistige Reife besaßen, mit diesem Wissen achtsam und verantwortungsbewußt umzugehen. Sie hielten dieses Wissen geheim und weihten nur jene ein, die einen langen Weg der Schulung und Prüfung zurückgelegt hatten.

Die Geschichte des Dr. Usui

*Der Begründer
der Methode*

Daß dieses Wissen uns allen heute zugänglich werden kann, verdanken wir dem Japaner Dr. Mikao Usui, einem christlichen Mönch, der Ende des 19. Jahrhunderts Theologieprofessor an der Universität in Kyoto war. Er fand nicht nur den Schlüssel zu diesem alten Wissen wieder, er schuf auch während seiner langjährigen Reiki-Erfahrungen die Voraussetzungen dafür, Reiki als Methode an andere weiterzugeben.

Anlaß für sein Engagement, einen natürlichen Weg der Heilung zu finden, waren die Fragen seiner Studenten: »Wie hat Jesus geheilt? Können wir auch lernen zu heilen?«

Sieben Jahre der Suche

*Studien und
Gespräche*

Um diese Fragen beantworten zu können, beendete er seine Lehrtätigkeit und reiste mehrere Jahre in Japan und später auch in Amerika von einem Kloster zum anderen. Er studierte die Sanskrit-Sutren, 2 500 Jahre alte tibetische Überlieferungen, und führte Gespräche mit anderen Mönchen und Äbten, jedoch ohne zufriedenstellenden Erfolg.

Bis er, in einem buddhistischen Zen-Kloster in Kyoto, im »Lotus-Sutra« Hinweise auf Heilung fand. Diese standen, wie ihm intuitiv schien, im Zusammenhang mit den Heilungsgeheimnissen von Jesus Christus – auch Buddha hatte mit seinen Händen geheilt. Es waren heilige Symbole, die er jedoch zu diesem Zeitpunkt noch nicht deuten und verstehen konnte.

Sieben Jahre waren inzwischen vergangen, seit ihm seine Studenten die herausfordernden Fragen gestellt hatten.

Durch die intensiven Gespräche mit seinem Lehrer und Freund, dem Abt des Zen-Klosters, war in ihm die innere Gewißheit gereift, daß er die ganze Antwort auf die Fragen seiner Studenten nicht allein im Studium alter Schriften und in Gesprächen mit anderen Mönchen finden konnte, sondern letztlich nur in sich selbst. Deshalb verließ er das Kloster, um sich auf dem nahe gelegenen Berg »Kurama-Yama« für drei Wochen in die Stille zurückzuziehen. Dort wollte er fasten, beten und meditieren.

Rückzug in die Stille

Sein Entschluß stand fest, daß er nach dieser Zeit seine Suche beenden würde, unabhängig davon, ob er die Geheimnisse des Heilens entdeckt hatte oder nicht. In der letzten Nacht seiner Zurückgezogenheit auf dem Berg widerfuhr ihm dann ein Wunder.

Das Geschenk der Erkenntnis

Als Dr. Usui sich schon damit abgefunden hatte, daß es ihm nicht beschieden sein würde, eine Antwort auf seine brennende Frage zu erhalten, blickte er, sich in sein Schicksal fügend, zum Himmel. Dort sah er einen hellen Lichtstrahl, in dem regenbogenfarbene Blasen aufleuchteten. Von tiefem Rubinrot über Orange, Goldgelb, Grün, Hellblau, Blau, bis hin zu Blauviolett leuchteten diese Farben am Himmel auf. Darin erkannte er nacheinander, in goldenen Lettern geschrieben, die Symbole wieder, die er im Lotus-Sutra gefunden hatte. Der Lichtstrahl kam immer näher auf ihn zu, bis er dann in seine Stirn eindrang und ihn in eine tiefe Trance fallen ließ.

Erleuchtung und Einweihung

In dem Augenblick, als der Lichtstrahl sein Stirn-Chakra berührte und in ihn eindringend seinen ganzen Körper durchflutete, erlebte er vollkommene Einheit und Verbundenheit mit dem ganzen Universum. In diesem Augenblick der Erleuchtung kamen ihm die wahren Bedeutungen dieser Symbole zu Bewußtsein.

Er verstand sich selbst in seinem Lebensprozeß, und seine ihm bevorstehenden Aufgaben standen ihm klar und deutlich vor Augen.

Als er am nächsten Morgen wieder zu sich kam, fühlte er sich erfrischt und von jugendlicher Spannkraft durchströmt – als ob er aus einem

Jungbrunnen entstiegen sei, nicht aber drei Wochen gefastet hätte. Tiefe Dankbarkeit und Freude erfüllte ihn, denn er spürte, daß er das Geschenk, nun selbst heilen zu können, vom Himmel erhalten hatte, indem er Kanal für die universale »Lichtenergie« geworden war. Und er gab dieser Energie den Namen »Reiki«.

Erste Erlebnisse mit der Heilkraft

Nun wollte er so schnell wie möglich zu seinem Lehrer, dem Abt, zurück, um ihm sein wunderbares Erlebnis anzuvertrauen. Auf dem Weg dorthin erhielt er während drei weiterer Erlebnisse die Bestätigung dafür, daß er Kanal für die heilende universale Lebensenergie geworden war.

Kanal für die heilende universale Lebensenergie

In seiner Eile verletzte er sich auf dem Rückweg seinen Fuß, der stark blutete. Als er seine Hände auf die verletzte Stelle legte, was jeder in einer solchen Situation täte, spürte er wohltuende Wärme und prickelnde Energie durch seine Hände fließen. Der Schmerz ließ sofort nach, und die Wunde hörte auf zu bluten.

Dann kehrte er in ein Wirtshaus ein, um zu frühstücken. Wer schon einmal gefastet hat, weiß, daß es nach einer längeren Fastenperiode notwendig ist, seinen Organismus erst langsam wieder an feste Nahrung zu gewöhnen. Auch Dr. Usui wußte das. Da er sich durch die Einweihungen der vergangenen Nacht sehr gestärkt fühlte, war er sicher, daß ihm ein normales Frühstück gut bekommen würde, und das war tatsächlich auch der Fall.

Eine weitere Bestätigung dafür, daß heilende Energie durch seine Hände floß, erhielt er, als er der Tochter des Wirtes, die Zahnschmerzen hatte, seine Hände auf die geschwollene Wange legte. Die Schmerzen ließen nach, und die Schwellung ging zurück.

Nach diesen Erlebnissen stellte sich Dr. Usui seiner nächsten Aufgabe – sich im Anwenden dieser Heilkräfte zu üben und Erfahrung zu sammeln. Deutlich spürte er, daß dies notwendig sein würde, um herauszufinden, wie er auch anderen Menschen den Zugang zur Anwendung der Heilenergie verschaffen könnte.

Erfahrungen im Bettlerviertel

Er arbeitete deshalb die nächsten sieben Jahre im Bettlerviertel von Kyoto. Mit Reiki heilte er viele dort lebende arme und kranke Menschen. Seine Behandlungen halfen ihnen, ihr Leben zu ändern, Arbeit zu finden und wieder gesellschaftlich integriert zu sein.

Dennoch kehrten manche nach einiger Zeit in das Viertel zurück und nahmen ihre alten selbstzerstörerischen Lebensgewohnheiten wieder an.

Neue Impulse für die Praxis

Die Ursachen ihrer Leiden hatten sie nicht geändert. Auch konnten sie die Reiki-Behandlungen nicht selbst fortsetzen, um langfristig tiefgreifende, seelisch-geistige Veränderungen zu bewirken und mehr Verantwortung für ihr Leben zu übernehmen. Dadurch, daß Dr. Usui Reiki verschenkt hatte, ohne nach einem adäquaten Austausch zu fragen, hatte er das »Armutsdenken« dieser Menschen unterstützt und ihnen die Möglichkeit vorenthalten, ihre Selbstachtung und Selbstverantwortlichkeit zu entwickeln. Sie hatten nicht gelernt, dankbar zu sein.

Als Konsequenz aus dieser Erkenntnis stellte er fünf Lebensregeln auf, die bis heute richtungsweisend für das *Usui-System der natürlichen Heilung* sind.

Die Lebensregeln

Selbstverant-wortlichkeit und Dankbarkeit lernen

Gerade heute sei nicht ärgerlich.
Gerade heute sorge dich nicht.
Ehre Deine Eltern, Lehrer und die Älteren.
Verdiene Dein Brot ehrlich.
Empfinde Dankbarkeit für alles Lebende.

In manch einem Leser wird sich beim Lesen dieser Lebensregeln Widerstand regen. Da diese Regeln vor hundert Jahren aufgestellt wurden, liegt es an uns, sie auf unsere heutigen Verhältnisse zu übertragen und den Kern ihrer Aussagen unseren persönlichen und sozialen Bedingungen anzupassen. Für die weitere Auseinandersetzung hiermit empfehle ich das Buch »Die Reiki-Kraft« von Dr. Paula Horan.

Das Prinzip des Energieaustauschs

Einen weiteren Schluß zog Dr. Usui aus seinen Erfahrungen im Bettlerviertel. Reiki wird nur dann langfristig und tiefgreifend in seiner ganzheitlichen Bedeutung wirksam, wenn das Prinzip des gleichwertigen Ener-
gieaustauschs zwischen Gebendem und Empfangendem befolgt wird –
entweder, indem sich beide Menschen gegenseitig behandeln, oder
indem der Empfangende einen angemessenen Energiebeitrag leistet in
Form von Arbeit, Geld oder einem vergleichbaren Gegenwert.
Bis zu diesem Zeitpunkt war es jedoch nur Dr. Usui möglich, Reiki-
Behandlungen zu geben, da nur er die Einweihung dafür erhalten hatte,
als Kanal diese Heilenergie zu übertragen.
Deshalb war nun die Zeit reif dafür, seine in der Zwischenzeit gefunde-
nen Erkenntnisse über die Reiki-Einweihungen in die Praxis umzusetzen.

Ausgleich
zwischen Geben
und Empfangen

Lehre und Weitergabe

Er schuf das *System der natürlichen Heilung,* welches sowohl Einweihungsrituale in drei verschiedene Grade des Reiki als auch die Form, es
zu lehren und weiterzugeben, beinhaltet. Um dorthin zu gelangen,
waren seine kontinuierlichen und intensiven Erfahrungen mit der Reiki-
Kraft in den letzten sieben Jahren notwendig. Sie hatten seine Wahrnehmung und Intuition aufs äußerste sensibilisiert, ihn zur vollständigen
Bewußtheit der Bedeutung seiner eigenen Einweihung und zu tiefgreifen-
dem Verstehen der heiligen Symbole geführt. Auch die von ihm gefun-
dene Methode nannte er »Reiki«, da sich darin für ihn die ursprüngliche
Bedeutung von Reiki verwirklichte – die vollkommene Verbindung der
universalen Lebensenergie mit unserer persönlichen Lebenskraft, dem »Ki«.
Die letzten Jahre bis zu seinem Tod reiste Dr. Usui durch ganz Japan.
Vielen Menschen eröffnete er mit den Einweihungen in den I. Grad den
Weg zur natürlichen Heilung. Denjenigen, die bereit waren, die volle
Verantwortung für ihr Leben zu übernehmen und ihre Erfahrungen mit
Reiki durch Geist- und Fernheilung zu vertiefen, vertraute er die heiligen
Symbole an und weihte sie in den II. Grad ein.

Das »System
der natürlichen
Heilung«

Dr. Chijiro Hayashi

*Schüler und
Nachfolger*

Einer seiner ersten Schüler war der pensionierte Marineoffizier und Arzt
Dr. Chijiro Hayashi. Er begleitete Dr. Usui mehrere Jahre auf seinen
Reisen, half ihm hingebungsvoll bei seiner Arbeit und lernte viel von ihm.
Schließlich wurde er von Dr. Usui zum Reiki-Meister eingeweiht und zu
seinem Nachfolger bestimmt.
Dr. Chijiro Hayashi gründete in Tokio eine Reiki-Klinik; sein Verdienst in
der Reiki-Geschichte war, daß er die Reiki-Behandlungen systematisierte,
indem er gründliche Beobachtungen und Vergleiche darüber anstellte,
bei welchen Beschwerden welche Handpositionen hilfreich und unbedingt erforderlich sind, um bestimmte Krankheiten zu heilen.

Hawayo Takata

*Persönliche
Heilungs-
erfahrung*

In dieser Klinik lernten sich Dr. Hayashi und Hawayo Takata kennen, die
später seine Nachfolgerin werden sollte. Einer inneren Stimme folgend,
hatte sie die Operation abgesagt, die für die Entfernung eines Tumors
vorgesehen war. Stattdessen ließ sie sich auf Dr. Hayashis Station über
mehrere Wochen mit Reiki behandeln. Der Tumor hatte sich nach den
Behandlungen restlos zurückgebildet; und wer sie vorher kannte und
wußte, daß gerade ihr Mann gestorben und sie mit zwei Töchtern allein
zurückgeblieben war, hätte sie nicht wiedererkannt: Auch ihre depres-
sive Erschöpfung hatte sie nach den Behandlungen überwunden.
Glücklich über ihre Heilung und von tiefer Dankbarkeit erfüllt, ließ Hawayo Takata sich dann nacheinander in die beiden ersten Grade
des Reiki einweihen. Sie half Dr. Hayashi in der Klinik und übernahm
viele Hausbesuche, um Menschen zu behandeln und ihre eigene Intuition
zu schulen. Während dieser Zusammenarbeit entstand eine enge
Freundschaft zwischen beiden. Bevor Dr. Hayashi starb, weihte er Frau
Takata 1938 auf Hawaii zur Reiki-Meisterin ein.

*Verbreitung der
Methode*

Im unermüdlichen Einsatz diente Hawayo Takata 40 Jahre lang dem
Usui-System der natürlichen Heilung. Unzählige Menschen erhielten von
ihr auf Hawaii, in Japan und den USA die Einweihungen in den I. und
II. Grad. Ihr größter Wunsch war, daß Reiki möglichst vielen Menschen

14

auf der ganzen Welt als Selbstheilungsmethode verfügbar werde.
Zwischen 1974 und 1979 weihte sie zwanzig Reiki-Meister und -Meisterinnen ein. Damit hatte sie rechtzeitig dafür Sorge getragen, das
kostbare Erbe von Dr. Usui in vertrauenswürdige Hände zu geben, bevor
sie 1980 starb.

Phyllis Lei Furumoto

*Großmeisterin
des Usui-Systems*

Eine der zwanzig eingeweihten Reiki-Meisterinnen war Phyllis Lei Furumoto, ihre Enkelin. Sie wurde von den anderen Reiki-Meistern zur
Großmeisterin des Dr.-Usui-Systems ernannt. Nach dem Tod ihrer Groß-
mutter gründete sie zusammen mit anderen Reiki-Meistern die »Reiki
Alliance«.
Eine andere Reiki-Meisterin war die Amerikanerin Barbara Weber Ray,
die später die »American International Reiki Association« (A. J. R. A.,
die heutige »Radiance«) gründete. Beide Organisationen unterscheiden
sich in ihren Richtlinien und ihrem Ausbildungskonzept, da sie aus den
unterschiedlichen Auffassungen beider Frauen über die Weitergabe des
Usui-Systems des Reiki hervorgegangen sind. Dennoch haben sich die
Reiki-Meisterinnen beider Organisationen erfolgreich dafür eingesetzt,
Reiki auf der ganzen Welt bekannt werden zu lassen.
Einen entscheidenden Impuls für die Verbreitung des Usui-Systems gab
Phyllis Furumoto 1988 in Deutschland, Friedrichsdorf. Während einer
Zusammenkunft mit anderen Reiki-Meistern gab sie ihr Wissen über die
Meistereinweihung weiter. Seitdem kann ein Reiki-Meister, der minde-

*Freigabe der
Meister-
ausbildung*

stens 3 Jahre lang nach dem Usui-System des Reiki gelehrt, gelebt und
gearbeitet hat, einen anderen zum Reiki-Meister ausbilden und einweihen. Wer mehr über die Hintergründe erfahren möchte, die dazu geführt
haben, dem empfehle ich die Kassette von Phyllis Lei Furumoto »The
Usui System of Natural Healing« (siehe »Kassetten«, Seite 96).

Die Organisation *Reiki Alliance*

Gemeinschaft freier Reiki-Meister

Unmittelbar nach meiner Meister-Einweihung wurde ich Mitglied der *Reiki Alliance*, einer Organisation freier Reiki-Meister.
Unsere Absicht ist es, uns gegenseitig als Lehrer des *Usui-Systems der natürlichen Heilung* zu unterstützen, nach seinen Richtlinien zu arbeiten und zu lehren und uns zu bemühen, danach zu leben. Wir verpflichten uns, regelmäßig an Fortbildungen und Meister-Konferenzen teilzunehmen, um unser persönliches und spirituelles Wachstum zu vertiefen. Dies hilft uns, die ethischen Grundsätze des Dr.-Usui-Systems des Reiki verantwortungsbewußt und im Einklang mit unserem inneren Wissen in unseren I.- und II.-Grad-Seminaren und in der Meisterausbildung weiterzugeben und zu verwirklichen.

Leben und arbeiten nach dem Usui-System

Weiter ist es unser Anliegen, mit Reiki als spiritueller Disziplin, einen mystischen Auftrag als Gemeinschaft zu erfüllen. Gemeint ist, uns aktiv für die Erhaltung und Wiederherstellung des natürlichen Gleichgewichts in der Natur einzusetzen und uns auf dem Hintergrund eines holistischen Weltbildes für die Heilung der Erde und den Frieden in der Welt zu engagieren.
Die *Reiki Alliance* arbeitet ohne Gewinn und finanziert sich und ihre Arbeit durch Mitgliedsbeiträge und Spenden. Wir unterstützen Projekte auf der ganzen Welt, zum Beispiel in Indien, Portugal, Rumänien, Polen, Rußland und Südafrika, deren Ziel es ist, den dort lebenden Menschen heilend durch Reiki zu dienen.
Meine Darstellungen in diesem Buch über die Reiki-Lehre basieren auf den Richtlinien der *Reiki Alliance*.

Die Universale Lebensenergie

*Zusammenhänge
verstehen lernen*

Um die Bedeutung von Reiki und die vielfältige Wirkung auf alle
Lebensvorgänge verstehbar werden zu lassen, erscheint es mir notwendig, die ganzheitliche Sicht von den Lebenszusammenhängen darzu-
stellen. Wenn wir diese Zusammenhänge verstehen, kann uns Reiki im
Alltag nützliche Hilfe werden, da unser Erleben bewußter und unsere
Wahrnehmung differenzierter wird, wenn wir uns selbst oder andere
behandeln. Auch wird uns auf diesem Hintergrund Inhalt und Form der
Reiki-Lehre in ihrem konsequenten Aufbau verständlicher. Mir selbst ist
es nicht anders ergangen.

Durch Reiki und meinen täglichen Umgang mit dieser Lichtenergie integrieren sich für mich meine bisherigen Erfahrungen und Erkenntnisse vom
Menschen in der Welt als Einheit von Körper-Seele-Geist und Transzendenz. Sie bestätigen mich in meiner ganzheitlichen Sichtweise, die mir
immer deutlicher zur inneren Gewißheit wird.

Das ganzheitliche Weltbild

Die Quellen für die ganzheitliche Sichtweise sind vielfältig. Sie führen
zurück zur hermetischen Philosophie des alten Ägyptens und Griechen-
lands. (Zur Vertiefung empfehle ich das »Kybalion«, siehe »Bücher, die
weiterhelfen«, Seite 96.)

*Alles ist mit
allem verbunden
und aufeinander
bezogen*

Aus ganzheitlicher Sicht ist das Universum, alles Seiende, ein lebendiger
Organismus, in dem alles mit allem verbunden und aufeinander bezo-
gen, in Wechselwirkung zueinander steht, sich fortwährend bewegt und
verändert, seiner Natur nach geistig ist. Das Ganze ist deshalb mehr als
die Summe seiner Teile. Alles Lebendige ist in sich selbst ebenfalls eine
Ganzheit und spiegelt die Gesetzmäßigkeiten des Universums wider.
So ist der Mensch, wie es der Arzt Paracelsus im 16. Jahrhundert formu-
lierte, ein »Mikrokosmos im Makrokosmos«. Das bedeutet, daß jede
Zelle unseres Organismus um die Geschichte des Lebens weiß, um ihren
Sinn und ihr Ziel in diesem allumfassenden Zusammenhang, um die kosmischen Gesetzmäßigkeiten, da wir ein Teil dieses Ganzen sind.
Was uns miteinander verbindet und wodurch wir alle dieses Wissen in
uns tragen, unabhängig davon, wieweit wir uns dessen bewußt sind, ist

die universale, absolute Kraft, die Dr. Usui »Reiki« genannt hat. Es ist die grenzenlose, über Raum und Zeit erhabene Energie des schöpferischen Geistes, die die höheren Wahrheiten des Kosmos in sich birgt und weiterträgt. Sie bewegt und verändert kontinuierlich den Raum um uns und in uns. Wir alle leben durch sie. Es ist eine feinstoffliche, vibrierende Kraft, die grenzenlose Intelligenz besitzt und das Maß der Eigenschwingung aller Erscheinungsformen bestimmt.

Reiki – die alles verbindende universale Kraft

Die Aufgabe der universalen Lebensenergie

Je höher unsere Eigenschwingung ist, um so feinfühliger sind wir in unserer Wahrnehmung von diesen Zusammenhängen, um so näher sind wir mit unserem Bewußtsein an der Quelle und dem ursprünglichen Sinn und Ziel dieser absoluten Wahrheit, die aus ihrer Fülle und ihrem Reichtum nach Einheit, Harmonie und Frieden strebt, um sich selbst zu erhalten. Je stärker die Reiki-Kraft in uns fließt, um so mehr sind wir im Einklang mit diesen Gesetzmäßigkeiten, die wir in uns selbst spüren und erkennen. So hilft Reiki, uns wieder zu erinnern, uns mit unserem wahren Wesenskern zu verbinden und uns aus unserer kraftvollen Mitte heraus authentisch denken, fühlen und handeln zu lassen. Reiki begleitet uns sanft zu unserem Ursprung zurück, dem Ursprung von Fülle, Vertrauen und bedingungsloser Liebe zu uns selbst und anderen, zu allem Lebendigen in dieser Welt. Denn wenn wir uns wieder als ganzheitliches Wesen wahrnehmen und alles Lebendige um uns herum ebenso, erleben wir uns nicht mehr aus der Sicht des Getrenntseins, gehen wir nicht mehr von einem Defizit aus, sondern leben und handeln nach den Gesetzmäßigkeiten der Fülle. Das bedeutet, daß wir wieder Achtung vor allem Lebendigen entwickeln und es als wertvoll empfinden.

Rückverbindung mit unserem wahren Wesenskern

Verantwortung übernehmen, selbstbestimmt handeln

Da unser Denken alles um uns und in uns bestimmt, gestalten wir unsere Wirklichkeit selbst. Es liegt an unserer Interpretation von uns selbst und unserer Umwelt, wie wir Stellung beziehen in der Welt. Oft ist uns diese Wahrheit unbequem, da sie von uns Selbstverantwortung fordert. Denn es ist oft einfacher, die Verantwortung für die eigene Lebenssituation und unser Befinden auf äußere Umstände oder die Verhaltensweisen anderer Menschen zu projizieren. Doch gerade in der Selbstverantwortlichkeit liegt der hoffnungsvolle Aspekt der Veränderbarkeit und Auflösung menschlicher Leiden.

Denn von dieser Basis aus lassen sich unsere schlummernden Talente und Träume wecken und verwirklichen, sind wir selbst »Meister« unseres persönlichen Wachstums, unserer Spiritualität. Dann werden wir frei von Angst und Schuldgefühlen, frei von krankhaften Zweifeln und Feindschaft, frei von Mutlosigkeit und Verzweiflung, frei von Anklage und Verurteilung, frei von Widerstand und Anspannung, frei von Lieblosigkeit und Selbstzerstörung, frei von Krankheit. Denn Krankheit bedeutet aus dieser übergeordneten Sicht, daß unsere Verbindung mit der universalen Lebensenergie unterbrochen und dadurch unser Urvertrauen und unser Selbstverständnis als soziales Wesen gestört ist, daß wir nicht im Gleichgewicht mit den Gesetzen der Natur leben. Aus dieser ganzheitlichen Sicht ist Gesundheit ein Ideal, welchem wir uns durch Reiki nähern.

Frei werden von Leid und Krankheit

Die energetische Verbindung der vier Seinsebenen

Die Intensität, mit der die universale Lebensenergie sich mit unserer persönlichen Lebenskraft verbindet, und welche Ebenen von ihr in uns vorrangig berührt und beeinflußt werden – die körperliche, seelische, geistige oder spirituelle – hängt von unserer individuell unterschiedlichen Aufnahmefähigkeit und Durchlässigkeit für diese Energie ab und auch von unserer Bereitschaft, sich mit ihr zu verbinden. Sie bestimmen den Grad unserer Gesundheit, die wiederum von unseren unterschiedlichen Denkstrukturen, Gefühlen und unserer körperlichen Verfassung abhängig ist.

Reiki fließt durch ein komplexes Energiesystem

Diese verschiedenen Ebenen drücken sich durch ein vielschichtig aufeinander bezogenes und in Wechselwirkung zueinander stehendes Energiesystem aus, welches unseren physischen Körper umgibt; es besteht aus der Aura, den in ihr gelegenen Chakren (Energiezentren) und den Nadis (Energiekanäle).

19

Die Reiki-Einweihungen und -Behandlungen wirken auf unser Energie-system harmonisierend, durch den freien Energiefluß der Reiki-Kraft wird das Zusammenspiel von Aura, Chakren und Energiekanälen gefördert. Deshalb will ich im Folgenden die Bedeutung und Wechselwirkung dieses Energiesystems beschreiben. Dabei stütze ich mich auf die Aussagen von Shalila Sharamon und Bodo Baginski in ihrem »Chakra-Handbuch«, das ich zur Vertiefung empfehle (»Bücher, die weiterhelfen«, Seite 96).

Reiki harmonisiert und fördert den Energiefluß

Die Aura

Aura nennen wir unsere Ausstrahlung, die unseren physischen Körper umgibt. Sie besteht aus vier »Energiekörpern«, dem Ätherleib, dem Emotionalkörper (Astralleib), dem Mentalkörper und dem spirituellen Körper, die jeweils verschiedene Aufgaben erfüllen und sich in ihrer Schwingungsfrequenz, Ausdehnung, Form, Struktur und Farbe sowie in ihrer Leuchtkraft unterscheiden.

Vier »Energie-körper« mit verschiedenen Aufgaben

Die verschiedenen Wesensglieder unserer Aura und unser physischer Körper sind verbunden durch die universale Lebensenergie und die mit ihr zusammenfließende, individuell unterschiedliche Lebenskraft.

Der *Ätherleib* hat etwa die gleiche Ausdehnung und Form wie unser physischer Körper und spiegelt alle körperlichen Vorgänge und Empfindungen wieder. Er speichert die universale Lebensenergie und gibt überschüssige Energie durch die Chakren und Poren wieder ab. Dadurch bildet sich eine 5 cm dicke Schutzschicht gegen Bakterien und Krankheitskeime aus unserer Umgebung. Deshalb heißt diese Auraschicht auch *Gesundheitsaura.*

Der *Emotionalkörper* ist in seiner Form und Ausstrahlung ebenfalls unserem physischen Körper gleich. Durch ihn drücken sich unsere Gefühle, Emotionen und Charaktereigenschaften aus.

Der *Mentalkörper* ist Träger unserer Gedanken, Ideen, unserer rationalen und intuitiven Erkenntnisse. Seine Schwingungsfrequenz ist höher als die des Ätherleibes und des Emotionalkörpers. Seine Ausstrahlung ist eiförmig und reicht etwa einen Meter weit.

Der *spirituelle Körper* schließlich hat die höchste Schwingungsfrequenz und reicht in der Regel über einen Meter hinaus.

20

Spiegel unserer Verfassung

Die meisten von uns haben ein gesundes Empfinden dafür entwickelt, die Aura anderer Menschen wahrzunehmen, denn Körperhaltung, Gestik, Mimik und Klang der Stimme spiegeln sie wider und verraten, in welcher Verfassung sich jemand befindet.

Hellsichtige Menschen können die Aura sehen, aufgeschlossene Ärzte und Heilpraktiker verwenden die »Kirlian-Fotografie«, um sie sichtbar zu machen. Aus der spezifischen Form, Struktur und Farbe sowie der unterschiedlichen Schwingungsfrequenz unserer Aura können Rückschlüsse auf unseren Gesundheitszustand, unsere seelisch-geistige Verfassung und unsere spirituelle Entwicklung gezogen werden. Denn lange bevor eine Krankheit akut wird, kündigt sie sich im Ätherkörper unserer Aura an.

Krankheiten schon im Vorfeld erkennen

So ist es möglich, Krankheiten schon im Vorfeld zu erkennen und ihnen dann entsprechend therapeutisch entgegenzuwirken.

Bei kranken Menschen zum Beispiel ist die Ausdehnung der Aura gering; im Ätherkörper können Risse und Löcher zu sehen sein, der Emotionalkörper kann trübe oder grelle Farben aufweisen; der Mentalkörper kann chaotisch in seiner Struktur und der spirituelle Körper wenig ausgeprägt sein.

Die Aura erleuchteter Meister hingegen wird als heller, weitausstrahlender Lichtkreis sichtbar, der in zarten Farben leuchtet.

Die Chakren und ihre Energiekanäle

Chakren sind Lichträder, die sich drehen. In ihrer Mitte befinden sich Öffnungen. Durch diese Öffnungen und mit Hilfe der vibrierenden Drehbewegung saugen wir alle Energien aus der Umgebung an und leiten sie durch die von den Chakren ausgehenden Energiekanäle (Nadis) in unseren Organismus weiter.

Über die Chakren nehmen wir Lebensenergie auf

Die Nadis schaffen die Verbindung von den Chakren zu den verschiedenen Körperteilen, Organen und Drüsen, zu allen Zellen unseres Gewebes und den jeweils zugeordneten Gefühls-, Denk- und Handlungsebenen unserer Individualität.

Es sind etwa 88 000 Chakren, die über die gesamte Körperoberfläche verteilt sind. Von diesen Chakren, deren Energiekanäle sich wie ein filigranes Netz durch unseren Organismus verzweigen, sind es jedoch nur sieben Chakren, die eine besondere Funktion und Aufgabe (siehe auch Seite 74) in diesem ganzheitlichen Zusammenhang erfüllen und für die Reiki-Heilmethode von besonderer Bedeutung sind. Es sind dies die sieben Hauptchakren, die sich auf der Vorderseite unseres Körpers in der Gesundheitsaura befinden und unserer Wirbelsäule gegenüber liegen.

Sieben Chakren mit besonderen Aufgaben

Lage und Verbindung der sieben Hauptchakren

Das *Scheitel-Chakra* liegt auf unserem Scheitel, in der Mitte des Haup-tes, genauer ausgedrückt auf der Silvanfurche zwischen unseren Schädeldecken. Dieses Chakra ist nach oben, zum Himmel hin geöffnet. Das *Stirn-Chakra*, auch das dritte Auge genannt, liegt in der Mitte der Stirn, das *Hals-Chakra* in der Mitte des Halses im Kehlkopfbereich und das *Herz-Chakra* liegt in der Mitte der Brust, in Höhe des Brustbeins. Alle drei Chakren sind nach vorne geöffnet.

Das *Solarplexus-Chakra* ist im Magenbereich gelegen und ebenfalls nach vorne geöffnet, so wie das *Sakral-Chakra*, welches dem Kreuzbein gegenüber liegt (sacrum=Kreuz), eine Handbreit unterhalb des Bauch-nabels. Das *Wurzel-Chakra* ist am Damm gelegen und nach unten zur Erde hin geöffnet.

Durch Energie-kanäle wird die Lebensenergie weitergeleitet

Die von den Chakren ausgehenden Energiekanäle stellen die unmittel-bare Verbindung zur Wirbelsäule her und zu dem in ihr gelegenen wich-tigsten Energiekanal, dem Sushumna. So wird dieser mit universaler Lebensenergie versorgt.

In der Wirbelsäule befindet sich das Rückenmark, welches sozusagen unser verlängertes Gehirn darstellt. Ist der freie Energiefluß der vitalisie-renden Lebensenergie dort möglich, wird unser motorisches und vege-tatives Nervensystem optimal beeinflußt. Da dieses vielseitig im Gesamt-organismus wirkt, wird unser körperliches, seelisches und geistiges Gleichgewicht günstig beeinflußt.

Über den Sushumna-Kanal sind die sieben Hauptchakren miteinander verbunden, so daß auch ihre unterschiedlichen Wirkungsbereiche mit-einander in Wechselwirkung stehen.

Die sieben Hauptchakren befinden sich der Wirbelsäule gegenüber auf der Vorderseite unseres Körpers in der Gesundheits-aura (Ätherleib)

Unterschiedliche Aufnahme-fähigkeit und Durchlässigkeit

Wenn das Gleichgewicht gestört ist

Der Grad der Entwicklung der einzelnen Chakren hängt von unserer körperlichen Konstitution und Verfassung, der seelisch-geistigen Reife und unserer spirituellen Wachheit ab. So kann ein Chakra zum Beispiel weiter entwickelt sein als die anderen. Dieses Chakra besitzt dann eine höhere Eigenschwingung, und wir können uns deshalb darüber mehr Lichtenergie ansaugen als über die anderen.

Auch die Energiekanäle können unterschiedlich durchlässig sein. Das wiederum bestimmt darüber, wieviel Lebensenergie in uns fließt, weitergeleitet und gespeichert werden kann, wieviel Energie wir ausstrahlen. Die Durchlässigkeit entscheidet darüber, ob alle Körperregionen gleichermaßen von dieser Energie belebt werden können und ob sie ganzheitlich auf allen Ebenen wirken kann.

Ein Beispiel

Ist zum Beispiel bei einem Menschen das Herz-Chakra schwach ausgebildet und der Energiekanal, der zur Wirbelsäule führt, blockiert, wird er in seiner Liebesfähigkeit eingeschränkt und sein Mitgefühl gering sein, er wird nur schwer Liebe zulassen und annehmen können.

Bei den meisten Menschen sind die Chakren nicht im harmonischen Gleichgewicht. Die Energiekanäle sind nicht vollständig durchlässig, um die vitalisierende Lichtenergie in reiner Form weiterzuleiten. Die Einheit von Körper-Seele-Geist und Transzendenz ist dann gestört, im Ungleichgewicht.

Krankheit als Folge des gestörten Energieflusses

Deshalb sind viele Menschen krank und leiden an den unterschiedlichsten Symptomen, die auf dem Hintergrund dieses vielschichtig aufeinander bezogenen Energiesystems verstanden und gelöst werden wollen. Denn Krankheiten sind aufgrund dieser komplexen Zusammenhänge immer eine Folge von ganzheitlichen Prozessen. Sie können deshalb langfristig nur gemildert oder geheilt werden, wenn wir uns ganzheitlich verstehen lernen und die seelisch-geistigen Hintergründe einer Krankheit und ihrer Symptome aufspüren und ändern, um sie zu heilen. Schon Sokrates sagte: »Wenn jemand Heilung sucht, dann frage ihn erst, ob er künftig bereit ist, die Ursachen seiner Leiden zu ändern. Dann erst darfst du ihm helfen.«

Reiki fördert den freien Energiefluß

Einweihungen befreien von Blockaden

Durch die Einweihungen in die verschiedenen Grade des Reiki werden die Kanäle der sieben Hauptchakren von Blockaden (Seite 26) befreit. Danach fließt die universale Lebensenergie zeitlebens wieder ungehindert durch die Energiekanäle.

Die Schwingungsfrequenz der Chakren wird durch die Einweihungen und den freien Energiefluß erhöht. So fördern die Reiki-Behandlungen die Entwicklung der Chakren, und unser gesamter Organismus wird auf diese Weise heilend beeinflußt. Dadurch werden auf allen Ebenen spezifische Wirkungen erzielt.

24

Reiki heilt ganzheitlich

Heilsame Wirkung auf allen Ebenen

Da Reiki eine Lichtenergie ist, wirkt sie auf allen Ebenen aufleuchtend, reinigend, entgiftend, Blockaden lösend und entspannend.

Im körperlichen Bereich

Sie stabilisiert unser körpereigenes Abwehrsystem, stärkt das Immunsystem und reaktiviert unsere Selbstheilungskräfte. Unser endokrines Drüsensystem wird angeregt, in ein harmonisches Gleichgewicht gebracht. Durch Reiki werden Heilungsprozesse beschleunigt, Schmerzen gelindert, der Kreislauf gestärkt, unser Stoffwechsel erlangt seine ursprüngliche Ausgewogenheit wieder. Dadurch, daß bei Reiki-Behandlungen alle inneren Organe und Drüsen von dieser Lichtenergie durchdrungen werden, können sie wieder ihre natürlichen Funktionen übernehmen. Deshalb fließen auch unsere Verdauungssäfte wieder im natürlichen Gleichgewicht, ein träger Dickdarm nimmt seine Verdauungstätigkeit wieder auf und Abfallstoffe lösen sich von den Darmwänden. Über unsere Ausscheidungsorgane wie Blase, Darm und Haut werden Schlacken und Gifte ausgeschieden. Giftstoffe, die sich zum Beispiel durch falsche Ernährung mit »fast food«, weißem Mehl und Zucker oder übermäßigem Fleisch-, Kaffee-, Alkohol- und Nikotinkonsum über Jahre hin angesammelt haben, verlassen über klebriges Schwitzen unseren Körper. Der Stuhlgang kann verstärkt dunkel sein und unangenehm riechen, der Urin dunkel verfärbt sein oder auch weiß, als ob Mehl hineingerührt wurde. Bei einer solch gründlichen Reinigung wird unser Körper vitalisiert. Angespannte Nerven beruhigen sich und Muskelverspannungen lösen sich auf.

Im geistig-seelischen Bereich

Stumpfe Nerven werden feinfühliger, der Appetit wird angeregt und wir können wieder tief und fest schlafen. Unsere Augen leuchten klarer als zuvor, und unsere Haut strahlt jugendliche Frische aus.
Die wohltuende Entspannung, die sich durch Reiki-Behandlungen nach und nach über den ganzen Körper ausbreitet, bewirkt Gelassenheit und Abbau von Streß. Verdrängte, ungelebte und unterdrückte Gefühle wie Trauer, Schmerz, Wut, Angst, aber auch Freude werden wiedererlebt und setzen einen Prozeß der sensibleren Selbstwahrnehmung in Gang. Auch unser Einfühlungsvermögen für die seelisch-geistigen Hintergründe unserer Beschwerden wächst sowie unser Vertrauen in die eigene

Intuition. Wir lernen, wieder mehr im Augenblick zu leben, ohne uns treiben und hetzen zu lassen.

Unsere Aufnahme- und Konzentrationsfähigkeit wird gesteigert, unser Erinnerungsvermögen wächst. Dadurch kann unser Gedächtnis wacher und lebendiger werden, die vielfältigen Umwelteindrücke leichter verarbeiten und auf das uns Wesentliche reduzieren. Starre Denkstrukturen lösen sich auf, alte Vorurteile werden in Frage gestellt. Dies motiviert uns, unser Leben flexibler und kreativer zu gestalten und Mut zu entwickeln, neue Wege zu gehen.

Reiki fließt zu den Wurzeln der Beschwerden

Reiki wirkt immer ganzheitlich auf allen Ebenen, auch wenn wir dies nicht immer gleichzeitig wahrnehmen. Reiki fließt primär zu den Wurzeln unserer Beschwerden, je nachdem, auf welcher Ebene sie einer Klärung bedürfen. Wie differenziert wir die geistigen und emotionalen Hintergründe unserer Beschwerden erfassen, wahrnehmen und benennen können, hängt davon ab, wie stark die Blockaden und Verspannungen in den verschiedenen Energiekörpern und Kanälen sind.

Blockaden werden gelöst

Wie Blockaden sich zeigen

Eine leider noch weit verbreitete geistige Blockade, die viele Menschen in ihrem Handlungsspielraum einschränkt, ist die, ihre Krankheitssymptome nicht als Hilferufe verstehen und deuten zu können. Als Hilferufe, die Ausdruck unseres natürlichen Alarmsystems sind, wenn wir aus der Einheit von Körper-Seele-Geist herausgefallen sind.

Symptome als Hilferufe verstehen lernen

Symptome, die uns sagen wollen: »Du hast Bereiche Deines Lebens vernachlässigt. Du lebst nicht Dein volles Potential! Halt inne! Verändere Deine mechanischen Handlungsabläufe. Höre auf deine Körpersprache und Deine innere Stimme. Sie sagen Dir, welche Deiner Bedürfnisse Du stiefmütterlich behandelt hast. Wir wollen ernst genommen werden, nicht weiterhin unterdrückt und ignoriert.«

Symptome, die sich zum Beispiel äußern in: Migräne, Muskelverspannungen, Kreislaufbeschwerden, Nervosität und Arbeitswut und -sucht.

Die sich zeigen in Schlafstörungen, Lustlosigkeit und Antriebsschwäche, in Depressionen, Ängsten, geistiger und seelischer Abgestumpftheit. Die sich ausdrücken in Konzentrationsmangel, Gedächtnisschwäche, eingleisigen Denkschemata und Vorurteilen.

So verhalten sich manche Menschen ihren Krankheitssymptomen gegenüber wie ein Kind, das seine Hände vor die Augen hält und glaubt, es werde dann nicht mehr gesehen, wenn es selbst nichts mehr sieht. Es sei dann für die Welt nicht mehr existent.

Körpersymptome als Ausdruck seelischer Probleme

Verdrängte und nicht gelebte Gefühle verursachen seelische Blockaden. Hat zum Beispiel jemand beim Verlust eines ihm nahestehenden Menschen seine Trauer nicht ausgedrückt, so können die nicht geweinten Tränen eine Blockade darstellen, die sich körperlich manifestiert.

Ich behandelte einmal einen jungen Mann, dessen Nasennebenhöhlen und Stirnhöhle entzündet waren. Als meine Hände eine Weile auf seinem Gesicht lagen, sagte er mir, daß er an seinen kürzlich verstorbenen Vater denken müsse. Seine linke Gesichtshälfte brannte unter meinen Händen, während er sprach. Er sagte mir, daß er einen starken Druck und Schmerzen in der Brust verspüre. Als ich ihn fragte, ob es sein könne, daß er seinen Schmerz über den Tod seines Vaters unterdrückt habe (Druck und Schmerz in der Brust) und seine nicht geweinten Tränen noch geweint werden wollen (Nebenhöhlenentzündung), da ließ er seinen Gefühlen freien Lauf und weinte bitterlich. Ich legte meine Hände auf sein Herz-Chakra, bis er sich beruhigt und seine Tränen ihn erleichtert hatten. Sein Druck und die Schmerzen waren verschwunden, die Nebenhöhlen frei.

Nicht immer lösen sich Blockaden so unmittelbar auf. Meist sind mehrere Behandlungen notwendig.

Dies war zum Beispiel bei einer hübschen, attraktiven Frau der Fall. Sie hatte eine Zyste am linken Eierstock. Nach mehreren Behandlungen und im Verlauf einiger Gespräche erfuhr ich die Geschichte ihrer Entstehung, die mich an das Märchen vom Aschenbrödel erinnerte. Auch sie hatte eine eifersüchtige Schwester, die sie um ihre natürliche Anmut und ihre

Nicht gelebte
Gefühle
verursachen
Beschwerden

offene Art, Freude und Begeisterung zu zeigen, beneidet hatte. Während sie von Verehrern umschwärmt wurde, blieb ihre Schwester meist als Mauerblümchen im Hintergrund. Mit ihr mochte sie ihre Freude nicht teilen, um sie nicht noch mehr zu verletzen. So nahm sie sich im Laufe der Zeit mehr und mehr zurück und hörte auf, ihre Freude und Begeisterung zu leben, wie es ihr entsprochen hätte. Im Verlauf der Behandlungen drückte sie ihre Wut über die Schwester, deren stille Tyrannei sie ertragen hatte, aus. Danach wurden Freude und Begeisterung für sie wieder lebendig.

Ich ermutigte sie dazu, wieder tanzen zu gehen und sich selbstbewußt zu ihrer Schönheit, Anmut und Sinnlichkeit zu bekennen. Dann rief sie mich eines Tages überglücklich an, denn die letzte Untersuchung beim Frauenarzt hatte ergeben, daß sie von ihrer Zyste befreit war.

Wie Blockaden entstehen

Beide Beispiele zeigen, wie hilfreich ein ganzheitliches Verständnis von Krankheitssymptomen sein kann. Denn begreifen wir ihre wahre Entstehungsgeschichte und akzeptieren ihre psychosomatischen Zusammenhänge aus dem Kontext unserer individuellen Lerngeschichte, haben die Symptome ihre Aufgabe erfüllt und lösen sich auf.

Dies setzt allerdings voraus, daß wir gewillt sind, die ursprünglichen Blockaden aufzugeben, um unserer Eigenverantwortlichkeit und Selbstbestimmung näher zu kommen.

Grundbedürfnisse werden nicht erfüllt

Blockaden entstehen immer dann, wenn wichtige Grundbedürfnisse nicht erfüllt werden. Wenn wir uns verletzt oder bedroht fühlen, Angst haben oder wenn negative Erlebnisse uns aus unserer subjektiven Sicht heraus dazu zwingen, die Erfüllung dieser Bedürfnisse zu schützen. Eines unserer wichtigsten Grundbedürfnisse ist es, bedingungslos geliebt zu werden, Zärtlichkeit und Geborgenheit in der Berührung zu erfahren, berührt zu werden und zu berühren. Wir brauchen den Kontakt zu unseren Mitmenschen wie den Sauerstoff zum Atmen. Da wir soziale Wesen sind und besonders in den ersten Lebensjahren unserer Entwicklung auf

Selbstverwirklichung heilt

Mangel an Liebe, Geborgenheit, Kontakt

die Hilfe anderer angewiesen, ist es uns auch ein notwendiges Bedürfnis, zur menschlichen Gemeinschaft dazuzugehören und uns mit ihr verbunden zu fühlen.

Familieneinflüsse – negative Kindheitserlebnisse

Wir sind lebensnotwendig darauf angewiesen, berührt zu werden, Zuwendung zu bekommen, Beachtung und Anerkennung zu finden. Berührung ist uns ein urvertrautes Phänomen, da wir ihr unsere Existenz verdanken und sie uns am Leben erhält. Da wir in der Zeit unseres Wachsens über die Nabelschnur mit der Mutter verbunden sind, beeinflußt uns alles, was sie während dieser Zeit erlebt, denkt und fühlt, in unserer Entwicklung und prägt unser »Selbstverständnis«, mit dem wir zur Welt kommen. Freut sie sich auf uns, werden wir von der »Familie« liebevoll erwartet? Oder bestimmen Sorgen, Streit und Unstimmigkeit der Eltern das Klima, in dem wir heranwachsen? Alle diese Faktoren spielen eine entscheidende Rolle, auch für den Geburtsverlauf.

Wie fühlen wir uns dann, besonders in der Zeit bis zu den ersten selbständigen Schritten, berührt? Bekommen wir die notwendige Aufmerksamkeit? Werden wir zärtlich gestreichelt, behutsam und sanft angefaßt, oder erleben wir öfters die Ungeduld, Hast und Eile oder sogar Grobheiten über Berührung? Fühlt sich unsere Bezugsperson sicher im Umgang mit uns oder zaghaft zögerlich? Über die Berührung lernen wir uns selbst kennen und spüren, wie wir geliebt werden.

Dürfen wir, wie es uns entspricht, uns selbst und unsere Umgebung befühlend und tastend kennenlernen und erforschen, oder werden wir durch häufige Verbote davon abgehalten? Wie groß ist unser Freiraum, um Sicherheit und Selbständigkeit entwickeln zu können?

Wir nehmen alle Eindrücke aus unserer Umgebung ganzheitlich in uns auf, in den ersten Lebensjahren besonders auf körperlicher und seelischer Ebene, bis wir dann das erste Mal »Ich« sagen, als Zeichen dafür, daß wir zwischen Innen- und Außenwelt unterscheiden können, und im Schulalter dann verstandesmäßig die Welt zu erfassen beginnen. Die Erlebnisse mit Mutter, Vater, Geschwistern und anderen Menschen unserer nahen Umgebung, die uns als Vorbild dienten, haben uns einen Lebensplan entwerfen lassen, unser ganz persönliches Lebensstilmuster.

Mangel an Berührung, Aufmerksamkeit, Zuwendung

Früher Entwurf eines »Lebensplans«

29

Unter dem tendenziösen Blickwinkel dieses Lebensstilmusters haben wir unser Selbstvertrauen entwickelt, die Meinungen von uns selbst, anderen und der Welt gebildet. Wir spüren sehr sensibel, wie wir uns verhalten »müssen«, um dazuzugehören, um geliebt zu werden (vergleiche hierzu Alfred Adler, »Bücher, die weiterhelfen«, Seite 96). Als Kinder neigen wir zum Generalisieren. So wie wir die Mutter erleben, sind alle Frauen, wie den Vater, alle Männer. Deshalb sind unsere Begegnungen im späteren Leben von den in der frühen Kindheit entwickelten Meinungen über unsere Bezugspersonen und die Welt geprägt.

In der Kindheit bilden wir unsere Meinung von der Welt

Ungelöste Konflikte

Je nachdem, welches Resümee wir aus den vielfältigen Erlebnissen der Vergangenheit gezogen haben, aus den positiven wie den negativen, wie wir dieselben interpretiert haben, handeln wir dann so, als ob gegenwärtige Situationen den vergangenen glichen – jedoch nur dann, wenn vergangene Konflikte nicht aufgelöst wurden. Denn unsere Seele strebt nach Ganzheit. Deshalb suchen wir unbewußt immer wieder Situationen auf, die uns Gelegenheit geben, die alten Konflikte zu lösen, sie zu lösen auf dem Hintergrund eines erweiterten Erfahrungshintergrundes.

Alte Konflikte lösen

Unsere Körperhaltung, unser Muskeltonus verrät, in welchen Bereichen sich Blockaden gebildet haben und die Energie gestaut ist (vergleiche Alexander Lowen, »Bücher, die weiterhelfen«, Seite 96). Denn alles, was wir je erlebten, ist in unserem Körper gespeichert, im Gewebe, in den Muskeln, bis hinein in jede einzelne Zelle. So sind es ungelöste Konflikte, auf die wir mit Anspannung antworten, Krankheiten, Streß, Unfälle und Verluste uns nahestehender geliebter Menschen, die wir nicht verarbeitet haben. Vor allen Dingen aber sind es die negativen Erlebnisse unserer frühen Kindheit, wie Angst und Schmerz, Benachteiligung, Demütigungen, Enttäuschungen, Vernachlässigung und Gefühle des Verlassenseins, der Isolierung, die unsere Blockaden verursacht haben. Dazu gehören auch Erfahrungen der negativen Liebe, wie Verwöhnung und besitzergreifende »Liebe«.

Blockaden sollten uns ursprünglich schützen

Ursprünglich haben wir Blockaden aufgebaut, um uns vor weiteren Verletzungen zu schützen und um zu überleben. Später leiden wir unter ihnen, denn durch sie haben wir unsere Unbefangenheit und Spontanität im Kontakt mit anderen Menschen verloren. Wir sind vom Erleben getrennt, weil wir uns nicht mehr mit »Leib und Seele« mit dem verbinden können, was wir gerade tun. Unsere Selbstwahrnehmung ist verzerrt. Blockaden verhindern den freien Fluß unserer Lebenskraft und die klare Verbindung mit unserer seelischen, geistigen und körperlichen Mitte. Blockaden haben unsere Verbindung mit der universalen Lichtenergie unterbrochen, gestört. Dies ist eine Erscheinung unserer Zeit und in fast allen Lebensbereichen spürbar.

Blockaden hindern den Energiefluß

Umwelteinflüsse

Die fortschreitende Technisierung unserer Gesellschaft trägt dazu bei, daß viele Menschen mehr im »Haben« als im »Sein« leben (vergleiche hierzu Erich Fromm, »Bücher, die weiterhelfen«, Seite 96). Anstatt die wahren Bedürfnisse zu befriedigen und sich vom eigenen Wesenskern her leiten zu lassen, von der Intuition, haben Ersatzbefriedigungen, wie das Anhäufen materiellen Besitzes und die Orientierung an äußeren Reizen, zu Entfremdung, Kommunikationsstörungen und Vereinsamung geführt. Für viele Menschen ersetzen Fernsehfilme und Videos das eigene Erleben, den Kontakt und die Gespräche mit anderen. Selbst Kinder werden durch häufiges Fernsehen betrogen, ihrer lebendigen Erfahrung beraubt, die sie so dringend brauchen, um Kreativität zu entwickeln. Der Bewegungsmangel und die Belastung für die Augen führen zu geistiger und seelischer Abgestumpftheit. Diese Kinder fallen dann in der Schule auf durch Hypermobilität, Nervosität, Aggressionen, Konzentrationsmangel. Das gleiche gilt für den süchtigen Umgang mit Computern und Computerspielen. Wenngleich die Erfindung des Computers Arbeitserleichterung brachte, so ersetzt auch er für viele den lebendigen Kontakt und führt zur Kopflastigkeit. Menschliche Handgriffe werden weitgehend durch Maschinen ersetzt und auf das Drücken von Knöpfen reduziert. Dies hat die Erwartungshaltung vieler Menschen dahingehend verändert, daß sie glauben, auch Konflikte seien per Knopfdruck zu lösen oder durch Einnahme von »Wundermitteln« sofort abzustellen. Durch langandauernden Bewegungsmangel gehen die ganzheitlichen Handlungsabläufe, die unsere Eigeninitiative und Phantasie vorausset-

Technisierung und Ersatz-befriedigungen

zen, verloren. Das übersteigerte Streben nach Besitz und beruflichem Erfolg läßt viele Menschen von Termin zu Termin hetzen. Dies führt dazu, daß die eigenen inneren Bedürfnisse durch Betriebsamkeit und Hektik überdeckt werden. Viele Menschen halten sich fast nur noch in geschlossenen Räumen auf; die Verbindung zur Natur ist weitgehend gestört. Der selbstzerstörerische und verantwortungslose Umgang mit uns selbst spiegelt sich in der Natur wider. Wälder sind vom Sterben bedroht, Dosen- und Plastikmüll verunstaltet die Landschaften, sogar die Luft, die wir zum Atmen brauchen, ist verschmutzt.

Unsere Sinne sind durch die Reizüberflutung der Werbung überstrapaziert. Wir können der schnellen Entwicklung der Technik kaum folgen.

Besinnung auf die eigenen Kraftquellen

Diese gesellschaftliche Symptomatik hat zu einer starken Verunsicherung beigetragen, aber auch viele Menschen wachgerüttelt, zur Umkehr bewogen. Nämlich dazu, Wege zu finden, die dabei helfen, sich wieder sich selbst zuzuwenden, sich auf seine eigenen Kraftquellen zu besinnen, um daraus zu schöpfen.

Wege zur eigenen Mitte

Nur aus diesen Quellen können wir unser inneres Gleichgewicht wiederfinden und das Gleichgewicht zwischen uns und unserer Umwelt.

Alternative Entspannungs- und Heilmethoden

Deshalb wenden sich immer mehr Menschen alternativen Entspannungs- und Heilmethoden zu, die das Ziel unterstützen, die eigene Mitte wieder zu finden, um dann lebendiger und wacher sein Leben zu gestalten.

Um nur einige dieser Wege zu nennen: Verschiedene Meditationstechniken, Eurythmie und Farbtherapie, ganzheitliche Massagetechniken und Akupunktur, Qi Gong, Tai Chi, Yoga und Reiki.

Selbst verschiedene Krankenkassen, gesetzliche und private, fördern den verantwortungsbewußten Umgang mit der eigenen Gesundheit, indem sie einige dieser alternativen Methoden in ihrem Programm anbieten. Auch die Teilnahme an Reiki-Einführungsseminaren wird von manchen Krankenkassen bezuschußt, teilweise auch die Kosten für Reiki-Behandlungen übernommen. Unabhängig von der Anerkennung der Krankenkassen liegt es jedoch an jedem einzelnen, sich in diese Richtung zu bewegen.

Über die Lehre und Weitergabe

*Jede Selbsthilfe-
methode bedarf
der konsequen-
ten Anwendung*

Jede der eben genannten Selbsthilfemethoden können wir lernen und
dann selbständig anwenden. Wir brauchen einen erfahrenen Lehrer
oder Meister, der uns in die Methode einführt und bei den ersten prak-
tischen Erfahrungen begleitet und berät. Jedoch bedarf es vor allem
unseres Willens und unserer konsequenten Entscheidung, die erlernte
Methode dann auch kontinuierlich anzuwenden, um erfolgreiche
Wirkungen zu erzielen. Denn ein Lehrer oder Meister kann uns zwar in
unserem Heilungs- und Bewußtseinsprozeß unterstützen, doch letztlich
kann jeder Mensch sich nur selbst heilen, sich selbst zu ganzheitlicher
Integration führen – genauer ausgedrückt zu seinem Wesenskern, der
die Wahrheiten des Universums in sich trägt.

Das Besondere der Methode

Reiki unterscheidet sich in einigen wesentlichen Punkten von anderen
Selbsthilfemethoden.

*Reiki ist
leicht erlernbar*

Die Reiki-Heilmethode ist einfach und leicht erlernbar. Schon nach einem
Wochenende wissen die Teilnehmer eines Einführungsseminars I. Grad,
wie und wo sie ihre Hände bei sich und anderen auflegen müssen, um
die verschiedenen Behandlunsmöglichkeiten anwenden zu können. Es
müssen hierbei keine speziellen Fertigkeiten eingeübt, keine besonderen
Schwierigkeitsgrade überwunden werden. Unsere Hände haben wir
immer bei uns, um sie auflegen und damit helfen zu können. Dazu sind
keine bestimmten beruflichen Qualifikationen notwendig.

*Einweihungen
sind Voraus-
setzung*

Insbesondere die Einweihungen in die verschiedenen Grade unterscheiden Reiki von den anderen Methoden. Durch diese Heilungsrituale
werden bei uns die sieben Haupt-Chakra-Kanäle von Blockaden befreit,
so daß wir Kanal für die universale Lichtenergie werden.
Die vier Einweihungen in den I. Grad sind, wie gesagt, Voraussetzung
dafür, daß wir die Reiki-Heilmethode anwenden können. Denn erst sie
ermöglichen es, die universale Lichtenergie in reiner Form durch unsere
Hände weiterzuleiten.
Dadurch, daß wir nach den Einweihungen wieder unmittelbar an die
universale Energie angeschlossen sind, werden uns beim Behandeln

keine Kraftreserven entzogen. Wir harmonisieren nicht nur die Energie innerhalb unseres eigenen Organismus durch Umverteilung, wie dies bei vielen östlichen Methoden der Fall ist. Die universale Lichtenergie ist nun unsere niemals versiegende Quelle, aus der wir schöpfen.

Beim Behandeln einer anderen Person schützt uns der freie Energiefluß davor, uns mit den persönlichen Blockaden des anderen zu verbinden.

Natürliche Abgrenzung

Wir müssen dabei keine bestimmte Technik der Abgrenzung berücksichtigen und fühlen uns dann nicht »ausgelaugt«, wie dies so häufig Menschen aus helfenden Berufen beklagen. Ohne die vier Einweihungen des I. Grades ist dieser Schutz beim Auflegen der Hände nicht gegeben.

Dadurch, daß Reiki immer auf allen Ebenen wirkt und an die Stellen fließt, die vorrangig der Hilfe bedürfen, kann niemand, der sich in einem

Schutz vor Verausgabung

schlechten Allgemeinzustand befindet oder gar krank ist, einen anderen wirkungsvoll behandeln. Auch wenn die Hände eines kranken Menschen den anderen berühren, fließt Reiki nur zu ihm selbst. Diese Tatsache schützt uns vor unvernünftiger Verausgabung und übertriebener Aufopferungsbereitschaft.

Reiki unterstützt andere Therapien

Die Reiki-Heilmethode bereichert und unterstützt andere alternative Entspannungs- und Heilmethoden, auch jede ärztliche Behandlung und Psychotherapie sowie die Behandlungen durch Heilpraktiker und Physiotherapeuten: zum einen, weil Reiki die Selbstheilungskräfte aktiviert, das

Selbstheilungs- kräfte und Selbstverantwort- lichkeit werden gefördert

Immunsystem stärkt, das endokrine Drüsensystem in ein harmonisches Gleichgewicht bringt und immer ganzheitlich wirkt, zum anderen deshalb, weil es den selbstverantwortlichen Umgang mit der eigenen Gesundheit ermöglicht und fördert; nicht zuletzt auch deshalb, weil Reiki jedem, der aus beruflichen Gründen andere Menschen berührt, den genannten Schutz vor Verausgabung bietet. Denn beim Berühren anderer wird er jedesmal selbst durch Reiki vitalisiert, ihm wird keine persönliche Energie entzogen.

Was unbedingt zu beachten ist

Reiki ersetzt keine ärztliche Therapie

Reiki ist zwar in erster Linie eine Selbstheilungsmethode, jedoch ersetzt Reiki keine ärztliche Behandlung, gezielte psychologische Beratung oder Psychotherapie. In jedem Falle sind in akuten Krankheitssituationen, wie zum Beispiel bei einem Herzinfarkt, einem Asthmaanfall, einem Blinddarmdurchbruch oder bei allen Entzündungen, wie etwa bei einer Zahnentzündung, die entsprechenden Fachärzte aufzusuchen. Das gleiche gilt bei Unfällen und allen unklaren Beschwerden. Wenn ein Arzt eine Kontrolluntersuchung durchgeführt hat und die Ursachen der Beschwerden geklärt sind, können wir den Heilungsprozeß mit Reiki unterstützend beeinflussen.
In diesem Zusammenhang möchte ich darauf hinweisen, daß konsequente Reiki-Behandlungen die Wirkungen eingenommener Medikamente beeinflußt.

Einfluß auf Medikamente

Da Reiki die Selbstheilungskräfte aktiviert, reduziert sich oft der Medikamentenbedarf. Die überschüssige Dosis wird wieder ausgeschieden. Häufig berichten mir Schüler von ihren Erfahrungen. Einem zuckerkranken Mann zum Beispiel fiel der Zusammenhang zwischen seinen Übelkeitsgefühlen, der Insulindosis und seinen täglichen Reiki-Behandlungen auf. Die Untersuchung seines Arztes ergab, daß er die gewohnte Dosis um $^2/_3$ reduzieren konnte.

Die Mental-Behandlungen halfen vielen krebskranken Frauen nach der Chemotherapie, die gewohnten Nebenwirkungen zu mindern. Übelkeitsgefühle blieben aus, der Haarausfall war wesentlich geringer.

Beruflicher Einsatz

Die Behandlung durch Handauflegen, auch Reiki, gilt nach gegenwärtiger Rechtsprechung als Ausübung der Heilkunde. Das Heilpraktikergesetz besagt: »Wer die Heilkunde, ohne als Arzt bestallt zu sein, ausüben will, bedarf dazu der Erlaubnis. Ausübung der Heilkunde im Sinne des Gesetzes ist jede berufs- oder gewerbemäßig vorgenommene Tätigkeit zur Feststellung, Heilung oder Linderung von Krankheiten bei Menschen, auch wenn sie im Dienste von anderen ausgeübt wird.

Deshalb können nur Ärzte und Heilpraktiker Diagnosen stellen, Medikamente verordnen oder absetzen.«

*Professionelle
Reiki-Behand-
lungen*

Professionell können demzufolge nur Ärzte, Heilpraktiker oder Menschen, die einen Beruf ausüben, der einem Heilberuf ähnlich ist, Reiki-Behandlungen geben. Dies sind zum Beispiel Physiotherapeuten, staatlich geprüfte Masseure, Hebammen, Logopäden, Krankenschwestern und Krankenpfleger, jedoch auch Psychotherapeuten und psychologische Berater, sofern sie Reiki-Behandlungen »unter Aufsicht und Verantwortung eines Arztes« durchführen. Die Lehrtätigkeit der Reiki-Meister ist von dieser Regelung ausgeschlossen, sofern die freiberuflichen Reiki-Meister ein Lehrerstudium abgeschlossen haben.

Die drei Reiki-Grade

Reiki, das *Dr.-Usui-System der natürlichen Heilung,* wird nach den Richtlinien der *Reiki Alliance* auch heute noch traditionsgemäß im I., II. und dem Meistergrad gelehrt und von Reiki-Meistern weitergegeben.

*Voraussetzung für
die Anwendung*

In den Richtlinien sind für die Lehre und Weitergabe dieser drei Grade die Inhalte festgelegt: Im *I.-Grad-Einführungsseminar* (Seite 39) werden vier Einweihungen, die Reiki-Geschichte und die Lebensregeln des Dr. Usui weitergegeben, sowie die Grundbehandlung, Selbstbehandlung, die Gruppenbehandlung, die Kurzbehandlung und der Ausgleich der Chakren gelehrt.

*Geist- und
Fernheilung*

Im *II.-Grad-Vertiefungsseminar* (Seite 84) wird jeder Teilnehmer in die heiligen Symbole des Lotus-Sutra eingeweiht, nachdem diese gründlich geübt wurden. Dann werden Geist- und Fernheilung gezeigt und gemeinsam geübt.

Zum Abschluß der einjährigen *Meisterausbildung* (Seite 88) werden die Meisterschüler während eines weiteren Heilungsrituals in das Meistersymbol eingeweiht. Danach werden die Einweihungsrituale eingeübt.

*Das »Herz«
des Seminars*

Die Einweihungen, die Reiki-Geschichte und die Persönlichkeit der Reiki-Meister haben in den Seminaren eine zentrale Bedeutung. Sie sind sozusagen das »Herz« des Seminars. Ohne die in traditioneller Weise

gegebenen Einweihungen wären die verschiedenen Behandlungsmöglichkeiten wirkungslos. Wie die Einweihungen und die Geschichte jeweils weitergegeben werden, ist sowohl Ausdruck der Anerkennung und
Dankbarkeit als auch Spiegel für das Verständnis und die Verbundenheit
mit der »Quelle« der jeweiligen Reiki-Meister.

Individuelle Gestaltung der Seminare

Die Gestaltung der Seminare ist sehr von der Persönlichkeit der leitenden
Reiki-Meister abhängig, das heißt, von ihrem Menschenbild, welches sie
prägte, ihrer Haltung, die sie aufgrund dessen einnehmen, ihrer Lebens-
erfahrung und beruflichen Vorbildung sowie von ihrem kreativen Umgang mit den Richtlinien und ihrem Talent und Einfühlungsvermögen, auf
die unterschiedlichen Bedürfnisse der einzelnen Seminarteilnehmer eingehen zu können.

Erweiterte Möglichkeiten

Die drei Grade des Reiki sind jeweils in sich abgeschlossene Einheiten.
Es ist nicht unbedingt notwendig, sich nach einem Einführungsseminar
auch in den II. Grad einweihen zu lassen. Nicht jeder wählt für sich den
Weg des Reiki-Meisters. Dennoch bauen die drei Grade aufeinander
auf. Sie erweitern die Möglichkeiten im Umgang mit Reiki, verstärken
die Reiki-Kraft in jedem einzelnen und vertiefen sein persönliches Wachstum, seine Spiritualität.

Die Teilnahmevoraussetzungen

An einem I.-Grad-Einführungsseminar kann jeder teilnehmen, der Entspannung finden will und sich wieder verantwortungsbewußter seiner
Gesundheit zuwenden möchte. Die kontinuierlichen Anwendungen von
Reiki nach dem Einführungsseminar sind Voraussetzung für die Teilnahme
an einem Vertiefungsseminar II. Grad. Deshalb empfehlen die Richtlinien
der *Reiki Alliance*, mindestens drei Monate Erfahrungen mit Reiki und
seinen Wirkungen zu sammeln, bevor wir uns in den II. Grad einweihen
lassen. Somit ist eher gewährleistet, daß unsere Entscheidung den eigenen ganzheitlichen Erfahrungen entspringt, nicht einem einseitigen
verstandesmäßigen Entschluß. Das gleiche gilt für die Entscheidung,
Reiki-Meister werden zu wollen, wobei hier eine längere Zeitspanne bis
zum Beginn der Meisterausbildung liegen sollte, auch deshalb, um
gründliche und vertiefende Erfahrungen sammeln zu können.

Empfehlungen der Reiki Alliance

Die Preise

Die Preise sind ebenfalls durch die Richtlinien der *Reiki Alliance* festgelegt. Sie stützen sich auf die Empfehlungen von Dr. Usui, die eine Konsequenz seiner Erfahrungen im Bettlerviertel von Kyoto waren. Sie wurden später von Hawayo Takata folgendermaßen interpretiert: »Für die Einweihung in den I. Grad soll ein Schüler seinen Wochenverdienst als Energieaustausch geben, für die Einweihung in den II. Grad ein Monatseinkommen. Und für die Meisterausbildung seinen Jahresverdienst.«
Um jedem Menschen die Einweihung in den I. Grad zu ermöglichen, wurde den Preisen ein geringes Einkommen zugrundegelegt.
Deshalb beträgt heute der Preis für ein Einführungsseminar 350 DM, für das II.-Grad-Vertiefungsseminar 1200 DM und für die Meisterausbildung 20 000 DM.

Nach Richtlinien der Reiki Alliance

Diese Preise sind nicht im herkömmlichen Sinne zu verstehen als Gegenwert für Zeit und Ware, sondern vielmehr als Ausdruck der eigenen Willensprüfung. Sie sollen in gewisser Weise eine Hürde darstellen, an der wir prüfen können, ob wir wirklich bereit dazu sind, unseren eigenen Heilungs- und Wachstumsprozeß im II.-Grad-Vertiefungsseminar und dann in der Meisterausbildung noch weitreichender vertiefen zu wollen, ob wir bereit dazu sind, für uns selbst die Verantwortung zu übernehmen und ob uns unsere Gesundheit und die Qualität unserer Beziehungen mit anderen Menschen diesen Einsatz wert sind. Verantwortungsbewußte Reiki-Meister, die ein aufrichtiges Interesse am eigenverantwortlichen und selbstbewußten Heilungsprozeß ihrer Schüler haben, halten sich deshalb an diese sinnvolle Preisgestaltung. Denn dadurch unterstützen sie ihre Schüler auf ihrem Weg zu ganzheitlicher Selbstheilung, der ohne persönlichen Einsatz und Verzicht meist nicht möglich ist.
Konsequenterweise müßten dann viele Menschen wesentlich höhere Preise bezahlen, ihrem Einkommen entsprechend. In den USA handhaben einige Reiki-Meister die Bezahlung nach diesem Prinzip.
Manche Reiki-Meister, deren Einkommen wesentlich höher war als 20 000 DM im Jahr, haben nach ihrer Meister-Einweihung Projekten der *Reiki Alliance*, die der wissenschaftlichen Reiki-Forschung dienen, oder hilfebedürftigen Menschen Spenden zukommen lassen.

Ausdruck der eigenen Willensprüfung

Das I.-Grad-Einführungsseminar

Vorwiegend finden die Seminare an einem Wochenende statt. Ich begrenze die Teilnehmerzahl auf 14 Personen, damit ich möglichst individuell auf die Bedürfnisse und Fragen der Teilnehmer eingehen kann.

Zeitpunkt für die Teilname Ich empfehle, sich den Zeitpunkt für die Teilnahme so zu wählen, daß möglichst viel Freiraum zur Selbstbesinnung und anschließenden Verarbeitung der Seminarerlebnisse bleibt, um sie in den Alltag integrieren zu können. Deshalb wäre es nicht so günstig, ein Wochenende auszuwählen, an dem abends eine größere Feier mit vielen Menschen geplant ist oder wichtige Arbeiten erledigt werden müssen.

Denn in erster Linie ist dieses Seminar als Geschenk an sich selbst gedacht, um sich mit Aufmerksamkeit und Zuwendung zu verwöhnen.

Vorbereitung aufs Seminar

Bewußte Ernährung Es ist nicht notwendig, sich auf dieses Seminar in einer bestimmten Weise vorzubereiten. Doch kann eine bewußte Ernährung oder ein Obst- oder Reistag vorher den Reinigungsprozeß, der durch die Einweihungen und Behandlungen eingeleitet wird, positiv unterstützen. Auch während des Seminars nehmen wir leichte Nahrung zu uns, wie Obst und Rohkost, trinken viel Wasser, Früchte- und Kräutertee. Reichliches Trinken begünstigt die Ausscheidung von Giftstoffen; durch leichte Kost steht uns für die Wahrnehmung seelisch-geistiger Prozesse zusätzliche Energie zur Verfügung, die sonst für Verdauungsvorgänge verloren ginge.

Bequeme Kleindung Ich empfehle, lockere und bequeme Kleidung zu tragen, um sich frei bewegen und sich selbst und andere besser spüren zu können.

Neugier und Offenheit Erfahrungsgemäß sind die besten Voraussetzungen zur Teilnahme Neugierde und Unbefangenheit dem Unbekannten gegenüber sowie die Entschlossenheit, festgefahrenen Lebenssituationen und der eigenen Rolle darin mit neuen Impulsen und Anregungen begegnen zu wollen; ebenso die Einstellung: »Ich will mich einmal überraschen lassen.« Oder wie Bodo Baginski und Shalila Sharamon es so treffend ausgedrückt haben: »Um Reiki tief erfahren zu können, mußt du nicht daran glauben. Du mußt auch nicht an die Köstlichkeit einer Frucht glauben, um sie genießen zu können. Aber hineinbeißen mußt du!« Um dieses »Hineinbeißen« geht es in dem Seminar.

Aufgabe und Ziel

*Eine Atmosphäre
des Vertrauens
schaffen*

Sich »einzulassen«, mag für jeden Unterschiedliches bedeuten. Für den einen sind es die Einweihungen, die ihn anfänglich zögern lassen, für den anderen ist es der nahe Kontakt, die sanften Berührungen während der Behandlungen. Wieder andere müssen Widerstände überwinden, sich selbst zu berühren. Deshalb sehe ich eine meiner Aufgaben darin, Bedenken zu zerstreuen, Zögernde zu ermutigen, sich vertrauensvoll vorzuwagen und anfängliche Gefühle der Fremdheit untereinander in gegenseitige Vertrautheit umwandeln zu helfen.

Was allen dann gemeinsam ist, infolge der verschiedenen Einweihungen und im Verlauf der gegenseitigen Behandlungen, daß Vertrauen, Offenheit und spontaner Ausdruck zunehmen und die »Masken« der einzelnen fallen.

So geht es vielen wie dem eisernen Heinrich, dem Diener des »Froschkönigs« im Märchen der Gebrüder Grimm, nach der Erlösung seines Herrn. Als sie sich nämlich auf der Kutschfahrt zur Hochzeit befanden, hörte sein Herr ein Krachen und sagte zu ihm: »Heinrich, der Wagen bricht.« – »Nein, Herr, der Wagen nicht, es ist ein Band von meinem Herzen, das da lag in großen Schmerzen, als Ihr als Frosch im Brunnen saßt.«

Die Einweihungen

*Energiekanäle
werden von
Blockaden
befreit*

Bei jedem Teilnehmer werden durch die vier Einweihungen – ähnlich wie beim eisernen Heinrich durch die Erlösung seines Herrn – die Herzblokkaden gelöst, außerdem der Hals-Chakra-, Stirn-Chakra- und Scheitel-Chakra-Kanal von Blockaden befreit. Daß dies möglich ist, steht im tieferen Zusammenhang mit den Wirkungen der heiligen Symbole aus dem Lotus-Sutra, deren Bedeutung wir jedoch erst im II.-Grad-Vertiefungsseminar erfahren können.

*Einmalig
im Leben*

Werden diese Einweihungen nach den Regeln des Dr. Usui gegeben, sind sie einmalig im Leben. Die Heilkanäle bleiben für immer geöffnet, und die universale Lichtenergie fließt beim Berühren frei durch die Hand-Chakren desjenigen, der die Einweihungen erhalten hat.

Erlebnisse verstehen und integrieren

»Schätze aus dem Brunnen holen«

Gefühle und Erinnerungen, die durch das Lösen der Blockaden wieder geweckt werden, wollen ausgedrückt, verstanden und integriert werden. Denn es verbergen sich, wie hinter dem Froschkönig das wahre Wesen des Prinzen, in jedem Menschen unterschiedliche »Schätze«, die es aus dem »Brunnen« zu holen und zu befreien gilt.

Um diesen Prozeß neben den Reiki-Behandlungen zu ermöglichen und zu unterstützen, biete ich vielfältige Körperübungen zur Selbstwahrnehmung an, aus dem Bereich der holistischen Psychologie oder der Heileurythmie Rudolf Steiners.

Dabei lenke ich die Aufmerksamkeit der Teilnehmer auf folgende Fragen: »Wie sage ich Ja und Nein in meinem Leben?« »Wie ist mein Verhältnis zum Geben und Nehmen?« »Wie verwirkliche ich meine Bedürfnisse und Ziele?« Denn es ist vor allem mein Ziel, dem Einzelnen seine Bedürfnisse in Erinnerung zu rufen, ihm zu helfen, seine eigene Körpersprache und die der anderen verstehen zu lernen, damit er beim Berühren wieder sensibel wird, sich selbst und andere bewußter zu spüren.

Ergänzende Übungen erweitern die Selbstwahrnehmung

Während einer Lichtreise durch unseren Körper geben wir uns im Kreis die Hände und erleben uns so schweigend in Verbindung zur Gemeinschaft (Foto Seite 94/95). Im kreativen Miteinander tanzen und singen wir Lieder des universellen Friedens. Auf diese Weise können Freude und Spaß lebendig werden. Der Phantasiereichtum eines jeden wird angeregt und findet Nahrung in der seelisch-geistigen und körperlichen Berührung, dem Sich-berührt-Fühlen. Denn das kostbare Geschenk von Reiki liegt darin, daß wir nach und nach unserem Wesenskern näher kommen, der seine Aufgaben kennt, seine Talente und Gaben. Wir spüren wieder, wie uns diese mit der Gemeinschaft verbinden, wenn wir sie großzügig teilen.

Immer wieder fasziniert es mich, wieviel Aufgeschlossenheit und Herzlichkeit im Laufe eines Seminars unter den Teilnehmern entsteht, so daß es dann manch einem schwer fällt, sich am Ende zu trennen. Ich bemühe mich, alle zu motivieren, Reiki auch nach dem Seminar zu Hause anzuwenden und sich mit anderen zu treffen und auszutauschen.

Denn wie ein englisches Sprichwort so treffend sagt: »Man kann ein Pferd zwar zum Wasser führen, trinken muß es jedoch selbst.«

**Die Gruppen-
behandlung.**
Gemeinsam
behandeln, die
vielen wärmenden
Hände genießen –
eine intensive
gemeinschaftliche
Erfahrung

*Regelmäßige
Treffen fördern
den Gemein-
schaftssinn*

Unterstützung nach dem Seminar

Doch wie alle neu erlernten Methoden geübt werden wollen, um Sicherheit im Umgang mit ihnen zu entwickeln, sie selbstverständlich in seinen
Alltag einfließen lassen zu können, bedarf auch Reiki der regelmäßigen
Anwendung. Um dies zu unterstützen und auftauchende Fragen klären
zu können, biete ich regelmäßige Selbsterfahrungs- und Übungstreffen
an. Sie dienen dazu, den kreativen Umgang mit Reiki in der Gemeinschaft mit anderen zu fördern und so den Gemeinschaftssinn zu wecken.
Im Mittelpunkt dieser Abende steht meistens die *Gruppenbehandlung*
(Foto oben). Den anderen gemeinsam zu berühren, ihm Wärme und
Entspannung geben zu können, verbindet die Gruppe miteinander, besonders, wenn wir dabei schweigen und, wenn nötig, uns nur nonverbal
miteinander verständigen. Die Stille trägt dazu bei, sich selbst deutlicher
zu spüren und den entspannenden Energiefluß ganzheitlicher wahrzunehmen. Jeder genießt es besonders, die wärmenden Hände auf dem
Rücken, den Beinen und an beiden Füßen gleichzeitig zu spüren.
Aber auch Partnerübungen, wie die Reiki-Augenübung (Foto hintere Um-
schlaginnenseite), der Ausgleich der Chakren oder die Reiki-Fußübung
werden gerne als Vertiefung der gemeinsamen Erfahrung erlebt.

Mit sich selbst beginnen

Sich der Reiki-Kraft anvertrauen

Wenn wir jetzt, nach dem Einführungsseminar, uns selbst oder einen anderen Menschen berühren, können herzliche Nähe und Verbundenheit durch Reiki immer spürbar werden. Um dies auch in diesem Buch erlebbar werden zu lassen, wähle ich im Folgenden das »Du« als Anrede.

Seinen Weg unbeirrt gehen

Du bist, wie jeder andere Mensch, einzigartig. Deshalb ist Dein Weg zu Dir selbst, in Deine Mitte, und Deine Rückverbindung mit dem »Göttlichen« nie zu vergleichen mit dem Weg eines anderen. Wie Du Deine persönliche Lebensenergie mit der göttlichen Lichtenergie verbindest, wie Du diesen Weg gestaltest, Deine »Schätze aus dem Brunnen holst«, liegt ganz bei Dir.

Deshalb vergleiche Dich nicht mit anderen. Gehe Deinen Weg unbeirrt und vertraue der Reiki-Kraft, die grenzenlose Intelligenz besitzt. Denn wann immer Du Dich behandelst, berührt sie die Ebenen Deines Wesens, die der Heilung und des Wachstums bedürfen. Sie führt Dich zur richtigen Zeit an die Orte und mit den Menschen zusammen, von denen Du lernen kannst und sie von Dir, wenn Ihr Euch begegnet. Auch wenn sich Dein Weg mit Reiki, den Du jetzt gehen wirst, von dem anderer unterscheidet, so ähneln sie sich in einem doch.

... auch über Hindernisse hinweg

Die Abbildung des Labyrinths von Chartres wird Dir dies veranschaulichen (Seite 44). Folgst Du dem Weg dieses Labyrinths, scheint es Dir zunächst so, als ob Du gleich zu Beginn seine Mitte erreichst. Dann merkst Du aber, daß Du die Mitte auf dem Weg zu ihr viele Male umkreist. Scheinbar entfernst Du Dich von ihr immer weiter, obwohl Du ihr in Wirklichkeit näher kommst.

Jetzt, nach den Einweihungen in den I. Grad, gehst Du, vielleicht ähnlich wie Dr. Usui, mit gestärktem Selbstvertrauen nach Hause. Du spürst, daß die Lebensenergie wieder stärker in Dir und durch Dich hindurchfließt, vieles in Dir in Bewegung ist. Du behandelst Dich und bist motiviert, auch andere zu behandeln. Doch dann kann es sein, daß Du, bedingt durch die Heilreaktionen, die nicht immer sofortige Erleuchtung Deiner Beschwerden bringen, an der Wirksamkeit von Reiki zweifelst – ähnlich wie jemand, der sich erstmalig auf eine homöopathische Behandlung

Heilreaktionen klingen wieder ab

Das Labyrinth
aus der Kathedrale
zu Chartres –
Sinnbild für die oft
verschlungenen
Wege, die letzt-
endlich doch zum
Ziel, in die
(eigene) Mitte
führen

einläßt und durch die damit einhergehenden »Erstverschlimmerungen«
die Wirksamkeit der Homöopathie in Frage stellt, wenn ihn, mangels
Erfahrung, das Akut-Werden seiner chronischen Leiden erschreckt und er
diese nicht mittels »Knopfdruck« abstellen kann.
Dann bist Du, um das Beispiel vom Labyrinth wieder aufzugreifen, gerade dabei, Dich von der Mitte zu entfernen, scheinbar.

Geduld und Kontinuität

Vertrauen und
Ausdauer führen
zum Ziel

So, wie es nichts nutzen würde, an einem Grashalm zu ziehen, damit er
schneller wächst, so kannst auch Du Deine Heilerfolge und Dein persönliches Wachstum durch Reiki nicht erzwingen. Dein Vertrauen und Deine
Geduld beim Weitergehen sind es, die Dich schließlich ankommen lassen. Vertrauen und Geduld in bezug darauf, daß Dir konsequente und

44

kontinuierliche Selbstbehandlungen helfen, nach und nach die noch bestehenden Blockaden Deiner Vergangenheit aufzulösen. Denn je häufiger Du Dich behandelst, um so stärker fließt Reiki in Dir. Damit auch Du dies erleben kannst, mache Dir den Satz »Lieber jeden Tag eine kurze Behandlung, als gar keine« zur goldenen Regel. Auch wenn Deine anfängliche Begeisterung nachgelassen hat, Deine guten Vorsätze von innerer Trägheit in Vergessenheit geraten wollen. Sei es Dir wert, die nötige Disziplin aufzubringen, um Dich jeden Tag auf Dich selbst zu besinnen. Laß Deinen Körper Dein Tempel sein!

In diesem Sinne wünsche ich Dir einen guten Anfang mit Reiki.

»Lieber jeden Tag eine kurze Behandlung, als gar keine!«

Beobachten und zulassen, was geschieht

Ausgangspunkt für Heilung und Wachstum bist Du selbst. Dies ist für mich die tiefere Bedeutung des Bibelsatzes: »Liebe Deinen Nächsten wie Dich selbst.« Denn Du kannst erst dann andere lieben, wenn Du Dich selbst, so wie Du bist, mit all Deinen Stärken und Schwächen angenommen und lieben gelernt hast. Dich jedoch so anzunehmen und akzeptieren zu können, wie Du bist, setzt voraus, daß Du Dich wahrnehmen und erkennen kannst, wie Du bist. Daß Du Dich für die Beziehung zu Dir selbst öffnest, um Dir vorurteilsfrei und unbefangen begegnen, Dich spüren und berühren zu können.

Selbstwahrnehmung üben

Regelmäßige Selbstbehandlungen helfen Dir, Dich ganzheitlicher und sensibler wahrzunehmen als bisher. Besonders in der drei- bis vierwöchigen Reinigungsphase nach Deinen Einweihungen kannst Du viele Veränderungen an Dir beobachten, da neben der körperlichen Entgiftung (Seite 25) auch ungelöste Konflikte (Seite 30) bewußt werden können.

Tagebuch führen

Ich empfehle Dir, Deine Empfindungen und Erkenntnisse während dieser Zeit, insbesondere Deine Selbstwahrnehmung beim Behandeln, in einem Tagebuch aufzuschreiben. Denn körperliche, seelische und geistige Phänomene sind in einer Neuorientierung, in einer Umstrukturierung begriffen. Du kannst sie Dir so klarer vor Augen führen.

Du verbindest Dich wieder mehr mit deinen Gefühlen. So wollen vielleicht Tränen geweint werden, damit Deine Augen wieder klarer sehen können und Du die Anspannungen im Rücken loslassen kannst. Heruntergeschluckter Ärger will sich Luft machen, um Dich vom Magendrücken zu befreien. Geistig festgefahrene Muster lösen sich auf, Du wirst wacher, beweglicher, mitfühlender und phantasiereicher im Umgang mit Dir und anderen. Freude will leben und mit anderen geteilt werden, lachend, singend, tanzend. Begegne Dir mit liebevollem Verständnis.

Gefühle wollen gelebt werden

Die Selbstbehandlung

Die Vorbereitung

Nimm Dir Zeit, um eine angenehme und ruhige Atmosphäre zu schaffen, in der Du mit Dir allein sein kannst. Leise meditative Musik, gedämpftes Licht und zum Beispiel Mandarinenduftöl können die harmonisierende Schwingung im Raum unterstützen. Vielleicht magst Du aber auch lieber die Stille. Gönne Dir das, wonach Dir im Augenblick gerade ist.
Stelle das Telefon leise und die Klingel ab. Sorge dafür, daß Du während der nächsten Stunde von keinem gestört wirst. Vielleicht fertigst Du Dir sogar ein Schild an, welches schon an Deiner Zimmertür Deinen Mitbewohnern signalisiert, daß Du jetzt mit Dir selbst verabredet bist. Dann befreie Dich von allem, was Dich einengen könnte. Löse Deinen Gürtel oder ziehe enge Kleidung aus. Lege Ringe, Ketten, Uhr und Brille ab, oder nimm, falls Du Kontaktlinsen trägst, diese heraus.
Suche Dir im Sitzen oder Liegen eine Position, die Dich frei atmen läßt. Wenn Du liegst, hilft Dir eine Knierolle in den Kniekehlen, Dein Becken und die Beine zu entspannen; eine leichte Decke, mit der Du Dich zudeckst, vermittelt Dir wohlige Behaglichkeit.
Nun kannst Du mit der Behandlung beginnen.

Für Ruhe und Entspannung sorgen

Die Behandlung

Systematisch berührst Du Dich vom Kopf bis hinunter zu den Füßen, wie es Dir die folgenden Abbildungen zeigen. Berühre auch alle Stellen Deines Rückens, die Du bequem erreichen kannst, wie Nieren, Kreuz- und Steißbein (siehe Grundbehandlung, Seite 68).

*Laß Dich
auf Dich ein*

Verweile so lange mit Deinen Händen auf einer Stelle, bis die Wärme oder das Kribbeln, welches Du spürst, wieder abgeklungen sind.
Jetzt gibt es nur Dich. Eine Stunde lang, Deine Gefühle, Deine Empfindungen von Dir selbst. Laß Dich ein auf Dich, Dein Dich-Spüren, so wie Du Dich jetzt, in diesem Augenblick erlebst. Achte darauf, daß Du beim Einatmen Deinen Atem bis in Deinen Unterbauch, Dein »Ki« fließen läßt. Schenke allen Körperstellen die gleiche Aufmerksamkeit.
Lasse Dich von Dir selbst überraschen, und sei geduldig mit Dir.
Mache Dir diese Stunde zum Geschenk, und nimm Dich so an, wie Du Dich jetzt empfindest. Genieße Dich!

*»Berühre Dich selbst und finde die Welt –
laß Dich von der Welt berühren und finde Dich.«*

**Die Selbst-
behandlung –**
Schritt für Schritt

Augen, Stirn- und Nebenhöhlen.
Sich nach innen wenden

Schläfen. *Streßabbauend und
zentrierend*

Die Selbst-
behandlung

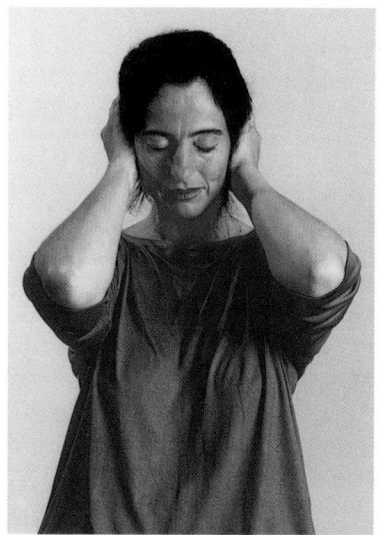

Ohren. *Über die Akupunkturpunkte werden alle Organe mitbehandelt*

Hinterkopf, Medulla Oblongata. *Harmonisierend, Gedanken klärend*

Scheitel-Chakra. *Harmonisierend, streßabbauend*

Schilddrüse. *Reguliert die Stoffwechselvorgänge*

Die Selbst-
behandlung

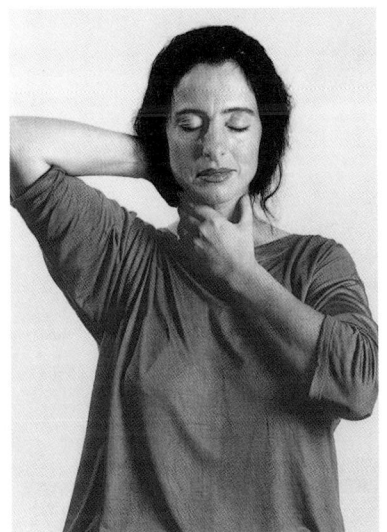
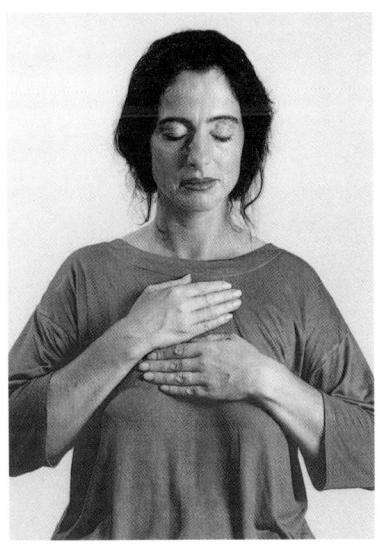

Hals-Chakra, Kehlkopf, Nacken.
Kommunikation und Selbstausdruck

Thymusdrüse, Herz-Chakra, Lunge.
Liebe annehmen und geben

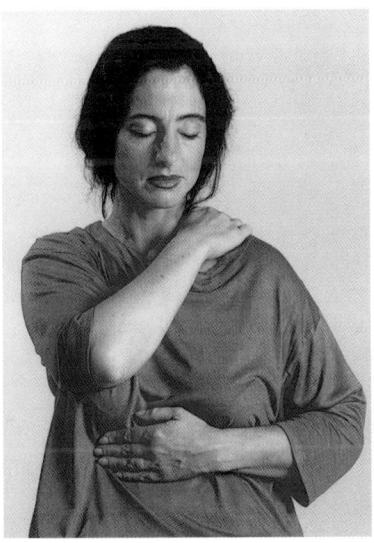
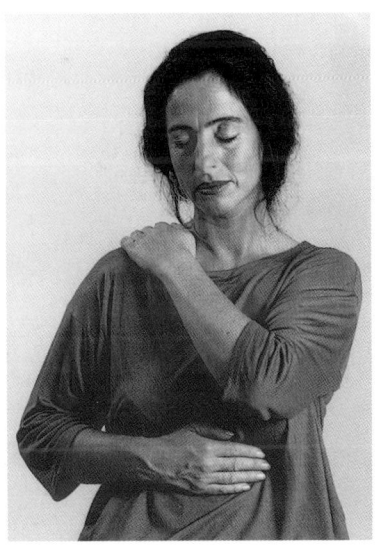

Solarplexus-Chakra und linke Schulter,
dann rechte Schulter (Foto rechts) –

*– Abgrenzungsvermögen, entlastend
bei Ärger*

Die Selbst-
behandlung

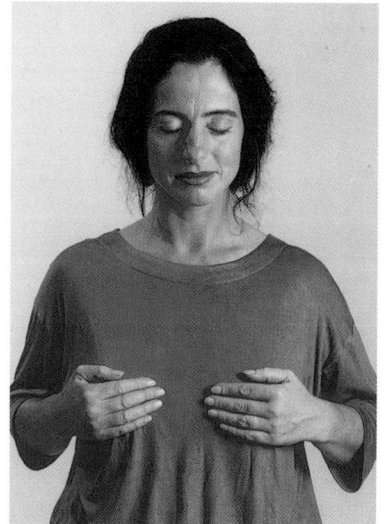

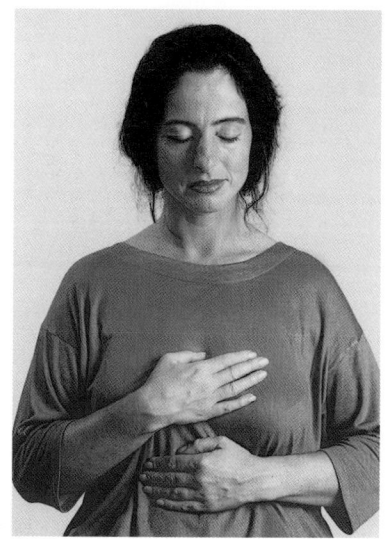

Brüste

Herz-Chakra, Solarplexus-Chakra

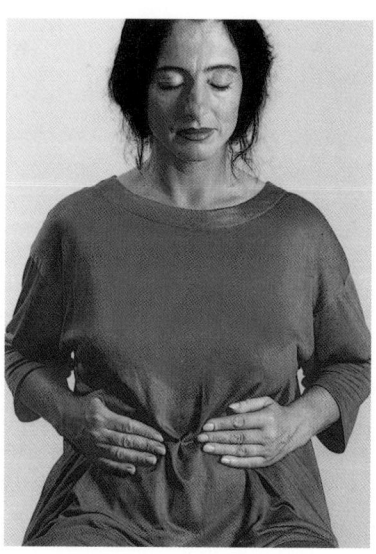

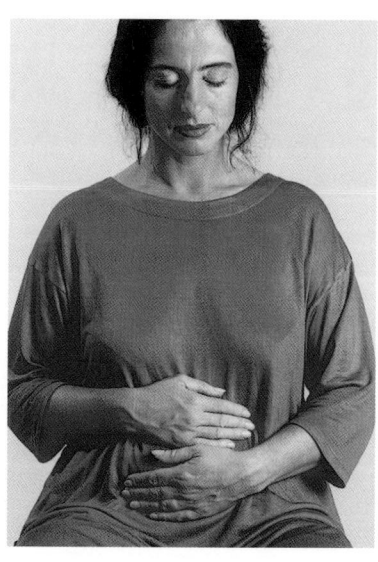

rechts: Leber, Gallenblase; links: Milz.
Immunsystemstärkend

Solarplexus-Chakra, Magen, Darm.
Bei Magen-Darm-Verstimmung

Die Selbst-
behandlung

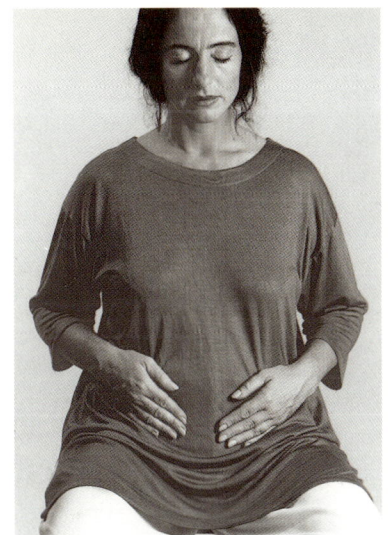 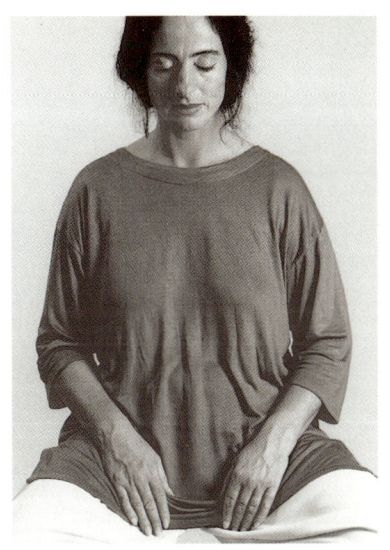

Unterleibsorgane. *Zum Beispiel bei Menstruationsbeschwerden*

Oberschenkelinnenseiten. *Zur Regulierung des Blutkreislaufs*

Widme **zum Abschluß** Deinen Füßen viel Aufmerksamkeit, und umfasse sie mit Deinen Händen in verschiedenen Positionen (siehe auch Grundbehandlung, Seite 66)

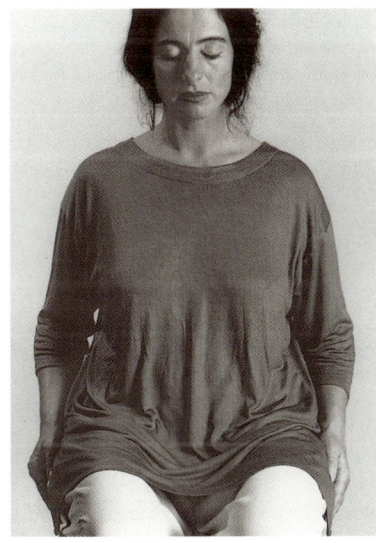 

Rollhügel, Gallenmeridian

Bei jedem Fuß Ferse, Mittelfuß und Zehen behandeln

51

Über den Körper
Geist und Seele behandeln

Wie sich im Körper seelisch-geistige Zusammenhänge ausdrücken

Eine wichtige Grundregel für die Behandlungen möchte ich Dir besonders ans Herz legen: *Gib Dir – und auch anderen – möglichst immer eine ganze Behandlung.*

Zum einen deshalb, weil Du Dich auf diese Weise wirklich ganzheitlich spüren und erleben lernst, zum anderen, weil Dir dies die augenblickliche Verteilung Deiner persönlichen Lebensenergie widerspiegelt.

Dann spürst Du vielleicht an manchen Stellen auffallende Wärme, an anderen so gut wie keine Energie. Oder aber Du spürst, daß Deine Hände an manchen Stellen schmerzen und an anderen kalt werden.

Sich ganzheitlich wahrnehmen lernen

Zusammenhänge erkennen

Um Dich für die Hintergründe dieser Phänomene zu sensibilisieren, zeige ich Dir im Folgenden einige seelisch-geistige Zusammenhänge auf, die durch verschiedene Körperstellen repräsentiert werden. Wir verdanken das Wissen darüber der traditionellen chinesischen Medizin, die den Menschen immer ganzheitlich betrachtet und behandelt. In der Akupunktur und der Reflexzonenmassage beispielsweise werden diese Zusammenhänge genutzt. Kennst Du sie, bekommst Du ein besseres Gespür für Deine Schwachstellen, lernst sie besser verstehen und kannst sie dann gezielter unterstützen. Denn häufig neigen wir dazu, gerade über diese sogenannten Schwachstellen hinweg zu gehen, ihnen nicht genügend Aufmerksamkeit zu schenken. Ein Beispiel hierfür sind bei vielen Menschen die Füße.

»Schwachstellen« mehr Aufmerksamkeit schenken

Wahrnehmungsübung

Wenn Du willst, dann probiere einmal aus, wie Dein Gespür für die eigenen Füße ist.

Schließe Deine Augen und gehe mit Deiner Aufmerksamkeit in Deine Füße. Kannst Du sie so deutlich wahrnehmen, daß Du jede einzelne Zehe von den anderen unterscheiden kannst? Wahrscheinlich gelingt Dir dies auf Anhieb nicht.

Beispiel: die Füße

Nun nimm Deine Zehen in beide Hände und behandle sie eine Weile. Danach wirst Du sicher eine deutlichere Wahrnehmung von ihnen bekommen. Vielleicht spürst Du sogar, daß Du wacher wirst. Warum ist das so? Weil die Zehen unserem Kopf, dem Denken, entsprechen. Wenn Du keinen bemerkenswerten Unterschied spüren kannst, könnten Dir mehrere Grundbehandlungen helfen. Denn dadurch harmonisiert sich die Lebenskraft in Dir, und Du kannst Deine Füße wieder differenzierter wahrnehmen.

Das Yin- und Yang-Prinzip

Männliche und weibliche Anteile

Aus der chinesischen Heilkunde kennen wir das Yin-Yang-Prinzip der alles bestimmenden Polarität zwischen *Yin*, der rezeptiven, weiblichen Form, und *Yang*, dem aktiven, männlichen Ausdruck der Lebensenergie. In jedem Menschen sind diese männlichen und weiblichen Anteile vorhanden und prägen seine Persönlichkeit je nachdem, in welchem Verhältnis sie gelebt werden.

Yin drückt sich in Deiner linken Körperhälfte aus, Yang in Deiner rechten. Dabei werden alle linksseitigen Körperfunktionen von der rechten Gehirnhälfte gesteuert und alle rechtsseitigen Funktionen von der linken. So repräsentiert Deine linke Körperhälfte Deine Gefühlsebene, Deine Hingabefähigkeit und Intuition; alle Deine Empfindungen sind auf dieser Seite gespeichert, ebenso Deine Fähigkeit, annehmen und empfangen zu können.

Deine rechte Körperhälfte entspricht Deiner Verstandesebene, Deinem Denken und Handeln, Deinem Durchsetzungsvermögen; sie drückt Deine Aktivität und Deine Fähigkeit zu geben aus.

Das Gleichgewicht wiederherstellen

Achte darauf, wie Du Dich selbst oder einen anderen darauf bezogen beim Behandeln erlebst. Sind Yin und Yang im harmonischen Gleichgewicht? Wie ist Dein Verhältnis zum Geben und Nehmen? Was könntest Du in Deinem Leben verändern, um einem Ausgleich zwischen Aktivität und Passivität näher zu kommen?

Denn Ganzsein, Heilsein bedeutet, daß Du diese gegensätzlichen Anteile in Dir ausgewogen und harmonisch leben kannst.

Denken – Fühlen – Wollen

Für Dein Denken, Fühlen und Wollen gibt es weitere Körperentsprechungen, die miteinander verbunden sein wollen. Dein Kopf entspricht Deinem Denken, Dein Oberkörper Deinem Fühlen und vom Becken abwärts Deine Beine und Füße Deinem Wollen, Deinem Handeln.

Ist das Gleichgewicht gestört?

Was verrät Dir auf diesem Hintergrund Deine Körpersprache? Wie bestimmen Denken, Fühlen und Wollen Deine Entscheidungen? Sind sie miteinander verbunden, stehen sie in einem harmonischen Gleichgewicht zueinander, oder ist ihre Einheit unterbrochen und gestört? Wodurch sind sie aus dem Gleichgewicht geraten? Wie verändert sich bei regelmäßigen Behandlungen Dein Energiefluß im Körper? In welchen Lebensbereichen zeigen sich dann Veränderungen? Achte darauf, in welchen Bereichen Du Blockaden spürst, damit Du gezielter behandeln kannst. Um zum Beispiel Dein Denken wieder mehr mit Deinen Gefühlen in Einklang zu bringen, könntest Du Deinem Hals mehr Aufmerksamkeit schenken, da er die Verbindung zwischen beiden darstellt. Oder wenn Du merkst, daß Du oft die besten Ideen hast, auch gefühlsmäßig mit ihnen verbunden bist, sie aber selten in die Tat umsetzen kannst,

Gezielt behandeln

wäre es hilfreich, zusätzlich Dein Becken gezielter zu behandeln. Denn dieser Bereich stellt die Verbindung zu Deinem Durchsetzungsvermögen und Handeln dar. Merkst Du, daß sich in diesem Bereich, selbst nach vielen Behandlungen, Blockaden nur schwer lösen, dann empfehle ich Dir, Dich in den II. Grad einweihen zu lassen. Denn danach fließt Reiki wieder ungehindert auch durch Deinen Sakral-Chakra-Kanal.
Je intensiver Du nämlich Deine Beine und Füße spüren kannst, um so stärker wächst Deine Verbindung zur Erde, Dein Standvermögen. Wenn Du sicheren Boden unter Deinen Füßen spüren kannst, gelingt es Dir wieder, initiativ zu werden, aktiv und selbstbewußt zu handeln.

Akupunkturpunkte und Reflexzonen

Aus der Akupunktur wissen wir, daß Dein Gesicht Dein ganzes Wesen widerspiegelt, ebenso wie Deine Ohren, Deine Hände und Füße.
Im Gesicht entspricht Deine Stirn Deinem Denken, der Bereich von den

Augen bis zum Mund Deinem Fühlen, Mund und Kiefer Deinem Wollen. Bei den Ohren ist es das Ohrläppchen, welches Deinen Kopf, also Dein Denken repräsentiert; die Ohrmuschel Deinen Oberkörper, Dein Fühlen; der Ohrrand Deinen Beinen, Dein Wollen.

Die Finger Deiner Hände entsprechen Deinem Kopf, mit Ausnahme des Daumens, der Deinen Willen zeigt. Die Handflächen korrespondieren mit Deinem Oberkörper, also Deinem Fühlen.

Bei Deinen Füßen schließlich sind es die Zehen, die Deinem Kopf entsprechen, der Mittelfuß Deinem Oberkörper, die Fersen Deinem Becken und den Beinen. Deine Fersen stehen wiederum in Verbindung mit Deinen Ellbogen und Deinem Kiefer.

Ganzheitliche Bezüge in der Sprache

Wer kennt nicht die Redensart, »Da benutzt jemand seine Ellbogen«, um sich durchzusetzen, oder jemand muß sich »durch ein Problem hindurchbeißen«?

So gibt es viele Redensarten, die Du Dir nur in Erinnerung zu rufen brauchst, um sie in Verbindung mit den beschriebenen Zusammenhängen bringen zu können. Wenn Du genau hinhörst, wie Du Deine Worte wählst, oder wie der, den Du behandelst, sich ausdrückt, können Dir die Formulierungen oft Hinweise auf die Ursachen der Beschwerden geben.

Da hat zum Beispiel jemand »ein Brett vor dem Kopf«, wenn er nicht verstehen will, und Kopfschmerzen; oder »die Nase voll« mit Schnupfen, wenn er überlastet ist; »ein schweres Joch auf seinen Schultern zu tragen« und Schulterschmerzen. Da sitzt jemandem »die Angst im Nacken« mit Nackenverspannungen; oder er »bekommt kalte Füße«, weil er sich einer Aufgabe nicht gewachsen fühlt und sich zurückzieht.

Sicherlich fallen Dir selbst noch eine Menge ähnlicher Redensarten ein.

An dieser Stelle möchte ich Rüdiger Dahlkes Buch »Krankheit als Sprache der Seele« empfehlen (»Bücher, die weiterhelfen«, Seite 96), in dem er hilfreiche Anregungen gibt, wie verschiedene Krankheitsbilder aus ganzheitlicher Sicht zu deuten und zu verstehen sind.

Die Grundbehandlung

Empfehlungen für die Partnerbehandlung

Wichtig

Ein wichtiger Grundsatz, der für alle Behandlungen gilt: *Gib nur dann einem anderen Reiki, wenn er sich dies wirklich wünscht.*
Überrede also niemanden zu einer Behandlung, auch wenn Du darauf brennst, Deine eigenen positiven Erfahrungen weiterzugeben.

Vier Behandlungen hintereinander

Wenn diese Voraussetzung erfüllt ist, dann verabredet Euch an vier aufeinanderfolgenden Tagen. Stellt sicher, daß Ihr beide an diesen Tagen genügend Zeit füreinander habt. Besonders dann, wenn der andere von Dir das erste Mal Reiki bekommt, ist es wichtig, ihn viermal ganz zu behandeln. Danach kannst Du zwei- oder einmal wöchentlich die Behandlungen fortsetzen, je nachdem, welche Beschwerden er hat.
Auf diese Weise kann er sich ganzheitlich wahrnehmen und die harmonisierende Wirkung über die Erstreaktionen hinaus erfahren, die in der Regel nach 24 Stunden abklingen. Auch brauchen wir den Vergleich, um unsere Wahrnehmung von unbekannten Phänomenen integrieren zu können.

Bei schweren Erkrankungen mehrmals täglich behandeln

Bei Menschen mit schweren Erkrankungen und chronischen Beschwerden reichen vier Behandlungen jedoch keinesfalls aus. Hier ist es oft erforderlich, ergänzend zur ärztlichen Therapie, täglich über mehrere Wochen hinweg Reiki zu geben. Besonders begünstigend für den Heilungsprozeß ist es, wenn der Betreffende die Einweihungen erhalten hat und sich selbst die Hände auflegen kann, ebenso wenn Familienangehörige mithelfen. Reiki stärkt immer das Allgemeinbefinden und trägt so zur schnelleren Genesung bei, besonders auch nach Operationen, denn Wunden und Narben heilen schneller.

Geben und Annehmen im Gleichgewicht

Vereinbart vor Beginn der Behandlung, wie Ihr Euch austauschen wollt. Gebt Ihr Euch gegenseitig Reiki, so bedarf es keiner weiteren Überlegung, auf welche Weise der andere Dir einen adäquaten Gegenwert für die Behandlung gibt. Andernfalls werde kreativ im Herausfinden, was Du Dir vom anderen wünschst. Vielleicht kann er bei Euren Kindern bleiben, wenn Ihr einmal ausgehen wollt, oder Deine Prüfungsarbeit tippen helfen, Unkraut im Garten zupfen oder beim Umzug mit zupacken. Vielleicht mag er für Dich die Wäsche bügeln oder Dir einen Konzertbesuch ermöglichen.

Bei jeder Berührung fließt Reiki

Auch wenn dies die Regeln zum Behandeln sind, laß Dich nicht davon abhalten, Dich selbst und andere spontan zu berühren.
Wann immer Dir danach ist – zum Beispiel beim Telefonieren, Schreiben, Lesen, während eines Kino-, Konzert- oder Theaterbesuches, aber auch beim Warten an der Bushaltestelle oder während einer Zugfahrt –, hast Du sicher eine Hand frei, um Dich zu berühren.
Scheue Dich nicht, auch Freunden, Bekannten oder Arbeitskollegen Deine Hilfe anzubieten – zum Beispiel, wenn sie von einer Wespe gestochen wurden, sich in den Finger geschnitten, beim Sport verletzt, Lampenfieber oder Kopfschmerzen haben oder wenn sie eine Migräne plagt. Oft genügt eine kurze Behandlung oder nur das Auflegen der Hände auf die betreffende Körperstelle, um Erleichterung zu schaffen.

Die Vorbereitung

Triff alle Vorbereitungen wie bei der Selbstbehandlung (Seite 46), und sorge für eine angenehme, ruhige Atmosphäre. Meditative Musik, wohlriechende Düfte und harmonisierende Farben können Euch dabei unterstützen. Wenn Du keine Massageliege hast, kannst Du Dir mit zwei Brettern und zwei Böcken aushelfen. Vielleicht besitzt Du auch einen Tisch, den Du ausziehen kannst. Je nachdem, worauf Du dann behandelst, polstere die Liege zuvor mit weichen Decken. Stelle für Dich selbst einen Hocker bereit und lege Papiertücher in Reichweite. Lege Deiner Freundin – oder wen immer Du dann behandelst – ein kleines Kissen unter den Kopf und eine Knierolle in die Kniekehlen, damit ihre Beine entspannen können. Decke sie mit einer leichten Decke zu, zum einen, um ihr das Gefühl wärmender Geborgenheit zu vermitteln, zum anderen, damit sie sich leichter auf sich besinnen kann.

Eine ruhige, wohltuende Atmosphäre schaffen

Um Dich selbst auf die Behandlung einzustimmen, lege Dir einige Minuten die Hände auf den Bauch, eine Hand oberhalb, eine Hand unterhalb des Bauchnabels. Dies hilft Dir, in Deine Mitte zu kommen. Auch das Ausstreichen der Aura dient Euch beiden zur Einstimmung.

Die Aura harmonisieren

Du stehst auf der linken Seite Deiner Freundin. Deine linke Hand liegt auf Deinem »Ki«, eine Handbreit unterhalb des Bauchnabels. Nun streichst Du mit Deiner rechten Hand, an ihrem Aurarand entlang, etwa 30 cm über ihrem Körper, die Aura glatt – oberhalb ihres Scheitel-Chakras beginnend bis über ihre Füße hinaus und wieder zurück bis zum Kopfende. Dabei bleibt Deine linke Hand auf Deinem »Ki« liegen. Wiederhole das Ausstreichen dreimal hintereinander. Dies streift die Erlebnisse des Tages, Hast und Zerstreuung, die noch in den Schichten der Aura an der Oberfläche haften, ab und harmonisiert sie.

Innere Haltung

Stelle Dich darauf ein, daß Du jetzt die »Gebende« sein wirst, und öffne Dich innerlich für die heilende Lichtenergie. Vertraue darauf, daß Reiki an all die Stellen ihres Körpers fließen wird, die sich im Ungleichgewicht befinden, so sanft oder intensiv alle diejenigen Ebenen ihrer Aura berührt, wie sie beziehungsweise ihr Unter- oder Überbewußtsein es zulassen.

Sie wird nur das spüren, was ihr »Höheres Selbst« in diesem Augenblick zu ihrem Besten wünscht. Dies ist weder von ihr noch von Dir willentlich beeinflußbar. Im Gegenteil: Nach meiner eigenen Erfahrung haben sich Spontanheilungen, wichtige Erkenntnisse und Einsichten immer in den Augenblicken ereignet, die frei vom persönlichen Willen waren, in Momenten des Loslassens, des Vertrauens in die »göttliche Kraft«, die außerhalb unseres menschlichen Fassungsvermögens zu liegen scheint und wirkt.

Du kannst Deine Freundin begleiten bei allem, was sie in der nächsten Stunde erleben wird. Ist es Stille oder Gespräch; sind es Lachen, Weinen oder Ärger, die sich befreien möchten? Begleite sie mit Deiner ganzen Aufmerksamkeit. Sei da, so wie es in diesem Augenblick für Dich stimmig ist. Laß Dich auf einen Dialog mit ihr ein. Sei mit ihr, in bescheidener Zurückhaltung Deiner eigenen Bedürfnisse und Wünsche, so gut Dir dies gelingt.

Sich auf die Behandlung einlassen

Sage ihr, daß Du in der nächsten Stunde ganz für sie da sein wirst, und motiviere sie, sich möglichst unbefangen auf Deine Behandlung einzulassen. So kann sie diese genießen und sich von ihren Empfindungen dabei überraschen lassen.

Der Dialog

Dann beginnst Du, an ihrem Kopfende sitzend, Deine Hände auf ihr Gesicht legend. Zuvor bedeckst Du ihre Augen mit einem weichen, sauberen Papiertaschentuch. Lege Deine Hände leicht auf, ohne Druck, die Finger aneinanderliegend, ihrer Körperform angepaßt. Laß Deine Schultern fallen und Deinen Atem in Deine Mitte, Dein »Ki«, fließen.

Eigene Anspannung loslassen

Ändere Deine Körperposition, sobald Du in Dir Anspannung spürst. Denn jede Anspannung würde sonst von ihr wahrgenommen und Dich selbst einschränken.

Nach und nach wirst auch Du Dich gelöster fühlen, da Reiki durch Dich hindurchfließt und auch in Dir ausgleichend und entspannend wirkt.

Dann folge mit Deinen Händen den Abbildungen auf den nächsten Seiten. Wie Du darauf siehst, setzt oder stellst Du Dich nach der Behandlung von Kopf und Schultern auf die linke, empfangende Seite Deiner Freundin.

Wenn sie sich auf den Bauch umgedreht hat, legst Du ihr die Knierolle unter die Füße und behandelst ihren Rücken hinunter bis zu den Füßen, wieder auf ihrer linken Seite sitzend oder stehend, wie es Dir bequemer ist. So einfach und bequem wie möglich!

Immer mit einer Hand Kontakt halten

Beim Wechseln der Hände behalte immer mit einer Hand den Kontakt zu ihr, um den Reiki-Fluß nicht zu unterbrechen.

Es ist wichtig, alle angegebenen Stellen zu berühren. Denn auf diese Weise werden ihr Gehirn, alle endokrinen Drüsen und Organe, die wichtigsten Akupunkturpunkte und Meridiane behandelt.

*Wärmewelle
in den Händen
spüren*

Bleibe immer so lange auf einer Stelle, bis Du in Deinen Händen das Anschwellen und Abklingen einer Wärmewelle gespürt hast. Denke daran, daß die Behandlung nicht länger als 60, maximal 90 Minuten dauern sollte.

Um die Behandlung abzuschließen, kannst Du ihren ganzen Körper über Rücken, Po und Beine mehrmals hintereinander ausstreichen.

*Zum Abschluß:
Zentrierungsgriff*

Wenn sie dann, nach einigen Minuten der Selbstbesinnung, auf der Liege sitzt, zentriere sie mit deinen Händen an ihren Schläfen, um ihr zu helfen, aus der tiefen Entspannung wieder zurückzukommen (Foto Seite 73, links).

Danach spüle Deine Hände unter fließendem kaltem Wasser ab, um wieder ganz bei Dir zu sein.

Wenn Ihr mögt, trinkt noch einen Tee zusammen, wobei Ihr Eure Empfindungen der letzten Stunde austauschen könnt.

**Die Grund-
behandlung –**
Schritt für Schritt

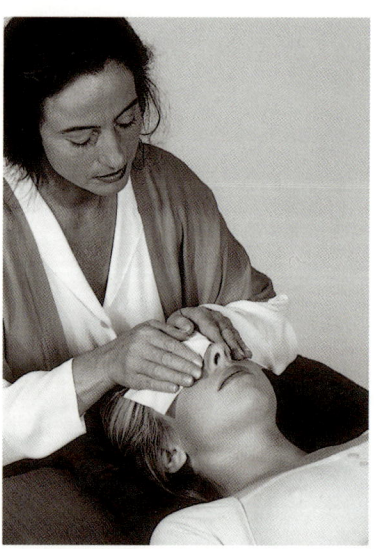 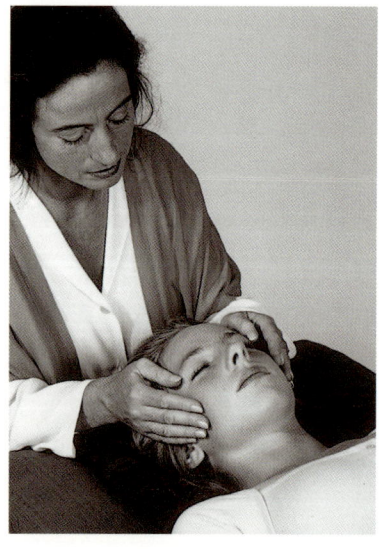

Augen, Stirn- und Nebenhöhlen. *Sich nach innen wenden*

Schläfen. *Zentrierung, gleicht rechte und linke Gehirnhälfte aus*

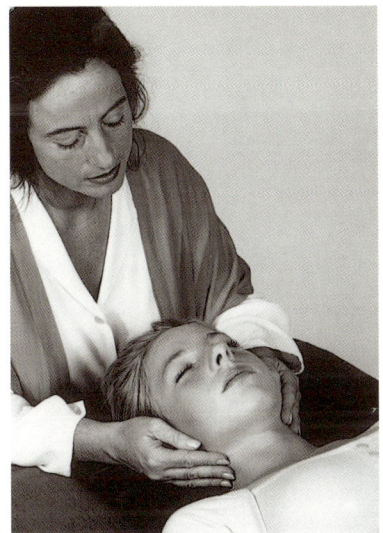

Ohren. *Über die Akupunkturpunkte
werden alle Organe mitbehandelt*

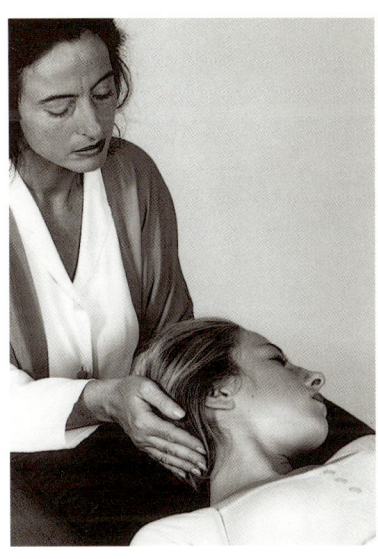

Den Kopf sanft zur linken Seite drehen
und die rechte Hand unterlegen

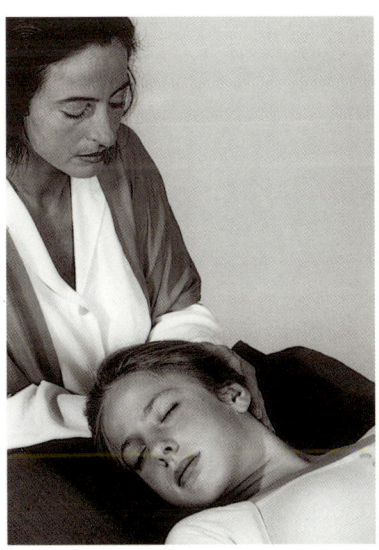

Dann den Kopf nach rechts drehen
und die linke Hand unterlegen

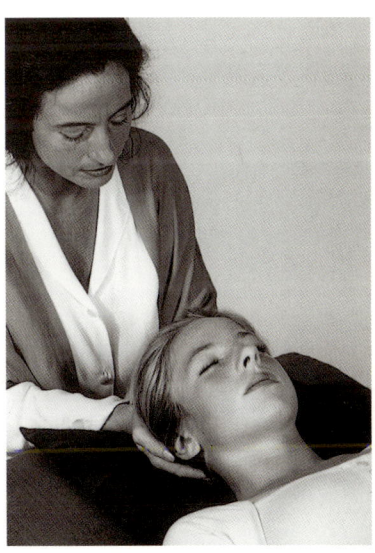

Der Kopf liegt in Deinen Händen –
dies vermittelt Sicherheit und beruhigt

Die Grund-
behandlung

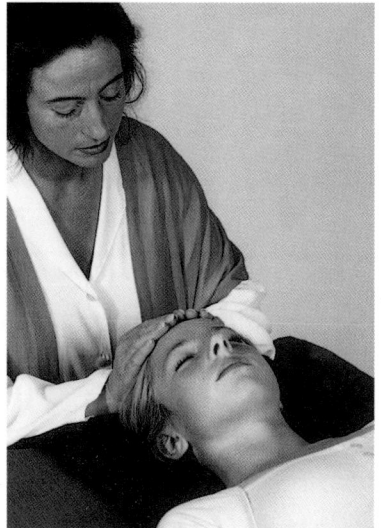

Scheitel-Chakra. *Wirkt harmonisierend*

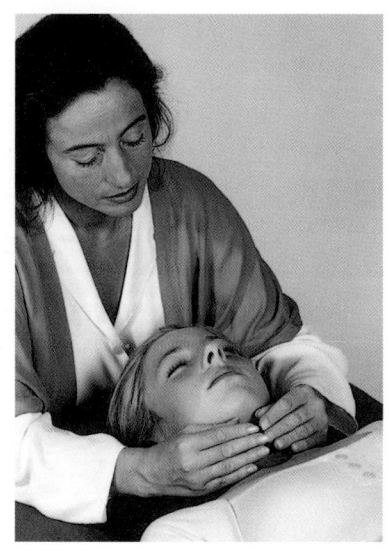

Schilddrüse. *Reguliert die Stoffwechselvorgänge*

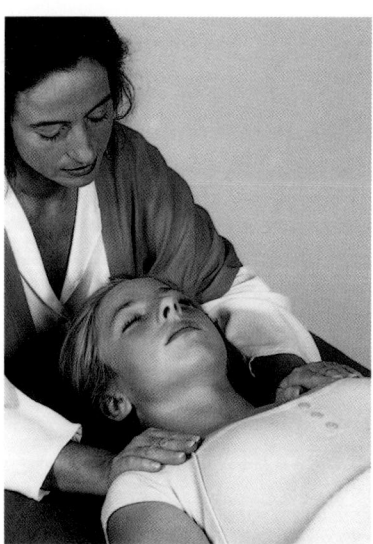

Schultern. *Hilft, Sorgen und Ärger
abzubauen*

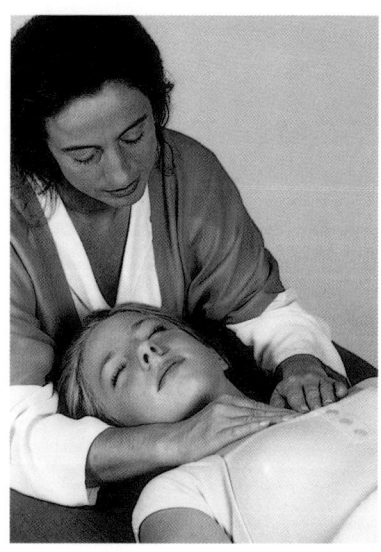

Schlüsselbein, Bronchien.
Mildert Ängste

Die Grund-
behandlung

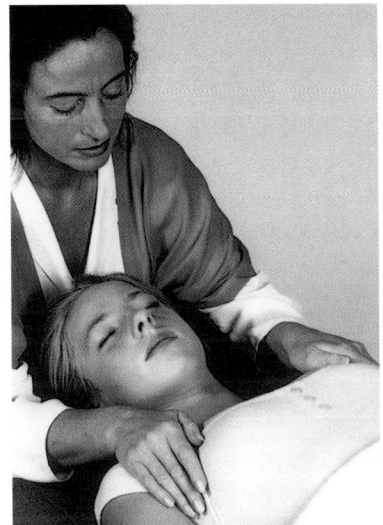

Lymphgefäße

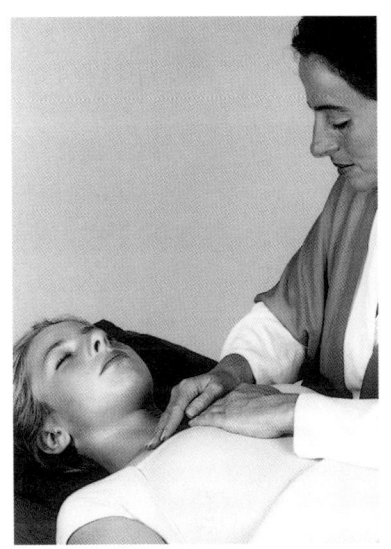

Thymusdrüse, Herz-Chakra. *Nimmt Angst und Kummer*

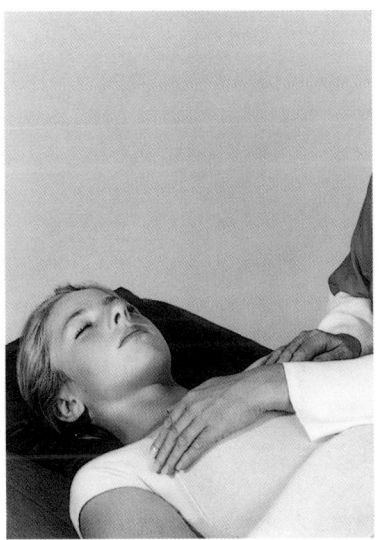

Brüste

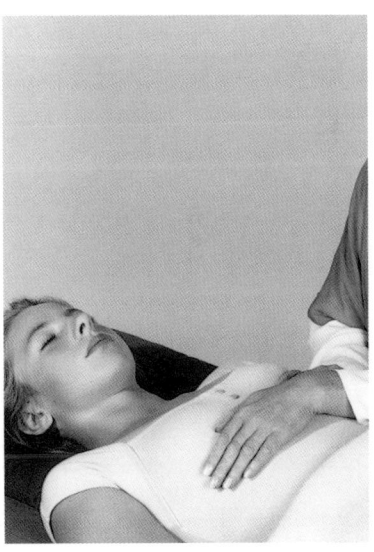

rechts: Leber, Gallenblase;
links: Milz

Die Grund-
behandlung

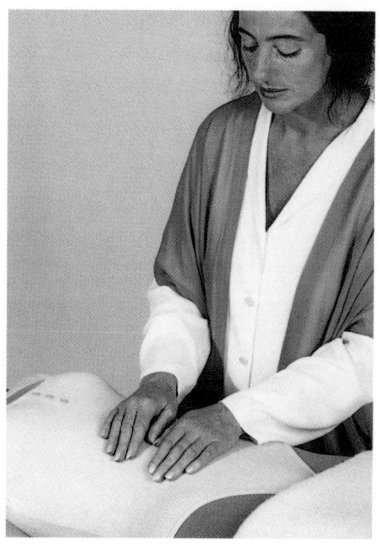

Magen, Darm. *Hilft bei*
Depressionen

Leber, Galle. *Unterdrückter Ärger*
kann sich lösen

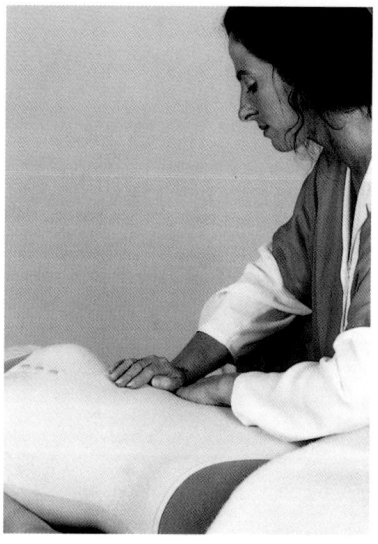

Milz, Bauchspeicheldrüse. *Stärkt*
das Immunsystem

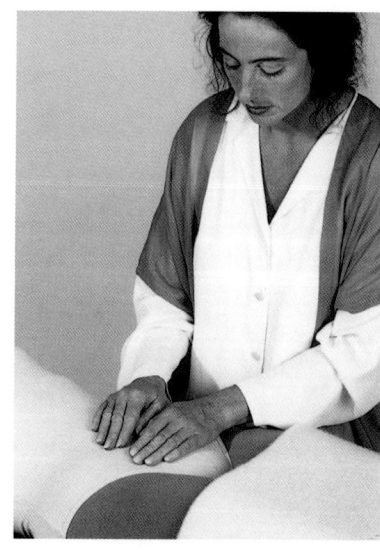

Darm, Blase. *Symbolisieren das*
Loslassenkönnen

Die Grund-
behandlung

Unterleibsorgane, Eierstöcke,
Darm, Blase, Harnleiter

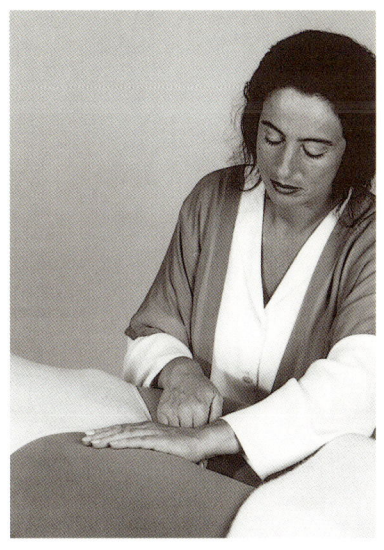

Regulierung der Blutzirkulation

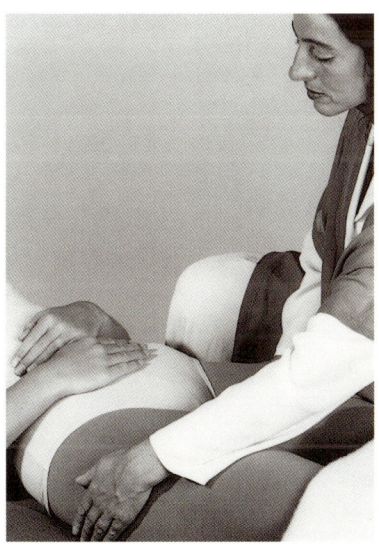

Rollhügel, Gallenmeridian. *Hilft,
Ärger aufzulösen*

Knie. *Sich beugen können – rechts:
der Einsicht, links: der Empfindung*

Die Grund-
behandlung

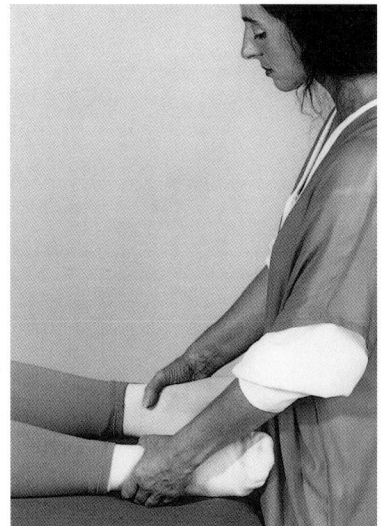

Fesseln

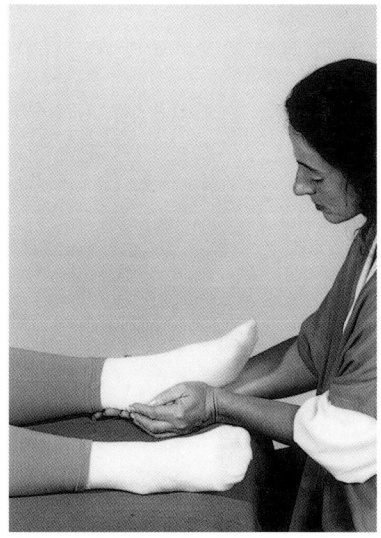

Fersen. *Entsprechen dem Becken, den Beinen, dem Handeln*

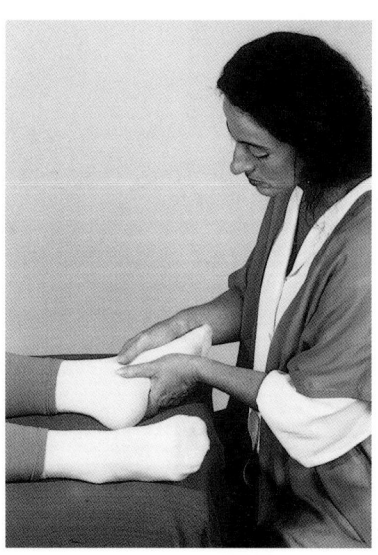

Mittelfuß. *Entspricht dem Oberkörper, dem Fühlen*

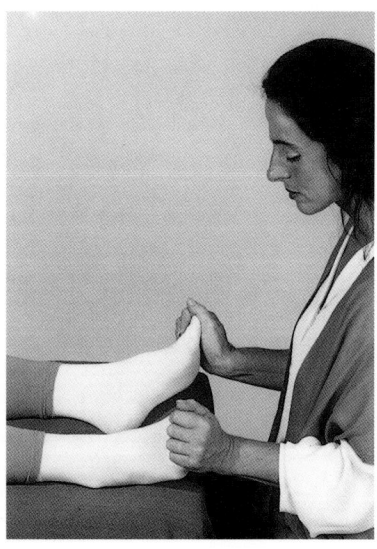

Zehen. *Entsprechen dem Kopf, unserem Denken*

Die Grund-
behandlung

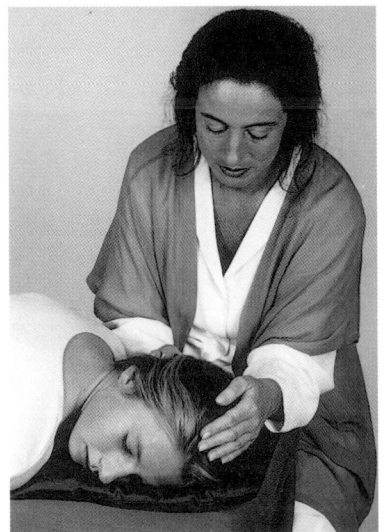

Scheitel-Chakra, Medulla oblongata
(Seite 72). *Zum mentalen Ausgleich*

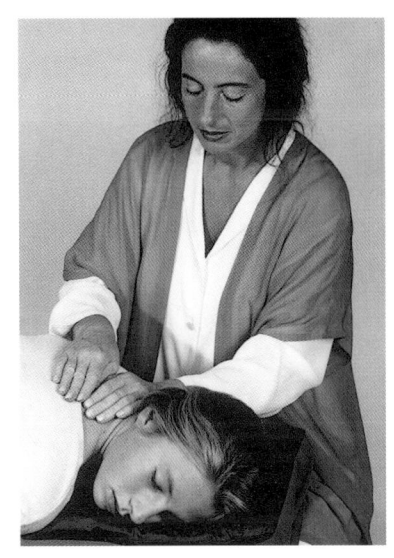

Nacken. *Hilft, Ängste zu mildern*

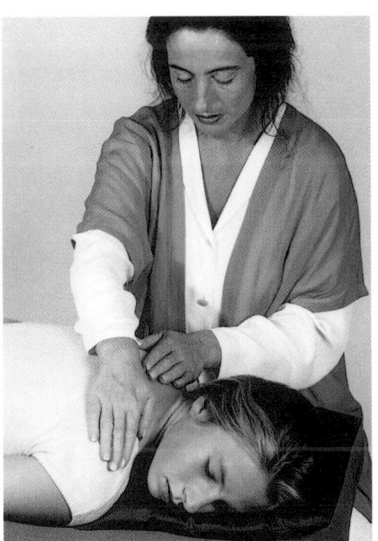

Schultern. *Wirkt entspannend bei
Ärger und Wut*

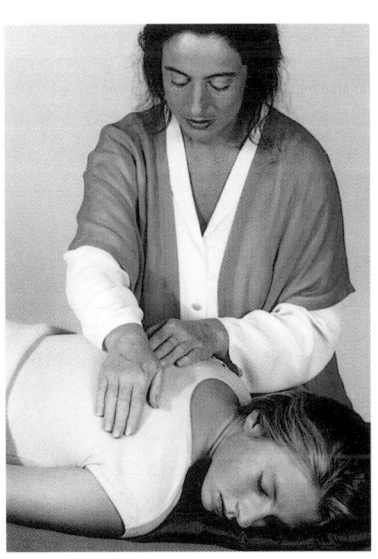

Schulterblätter. *Kann Trauer und
seelischen Schmerz mildern*

Die Grund-
behandlung

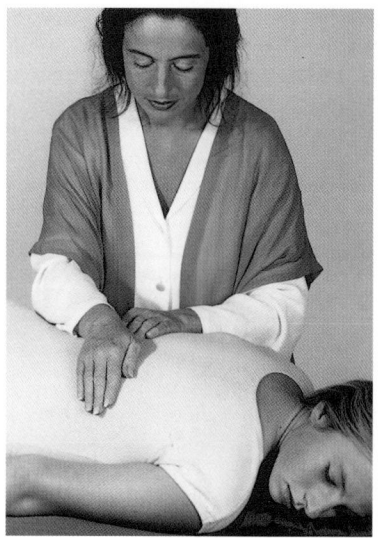

Lungen. *Sich den Lebensprozessen
anvertrauen*

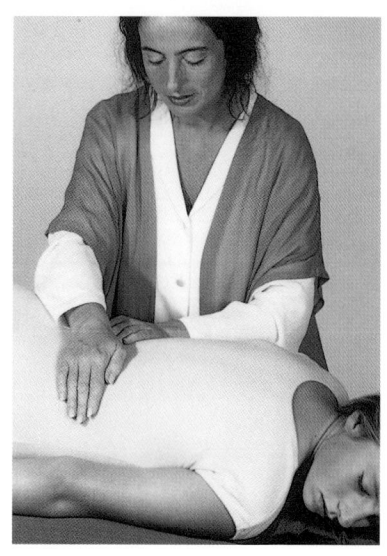

Nieren. *Symbolisieren Partnerschaft
mit uns selbst und anderen*

Kreuzbein. *Genußfähigkeit,
Lebenslust*

Steißbein, Wurzel-Chakra. *Dient
der Erdung*

Die Grund-
behandlung

Rollhügel, Gallenmeridian

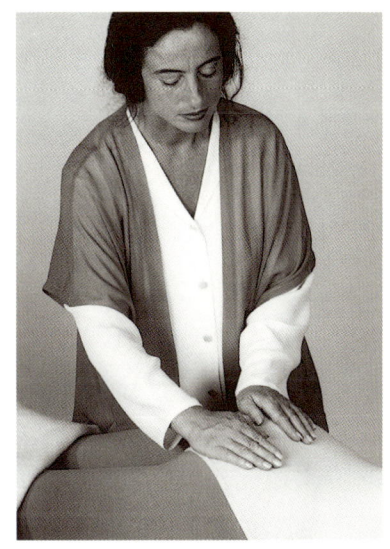

Po. Bei Ischiasschmerzen auch das
entsprechende Bein behandeln

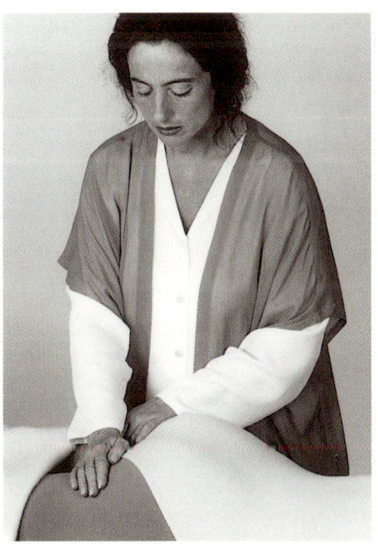

Oberschenkel

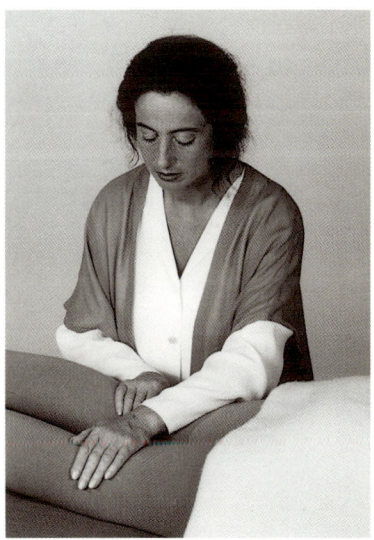

Kniekehlen

**Die Grund-
behandlung**

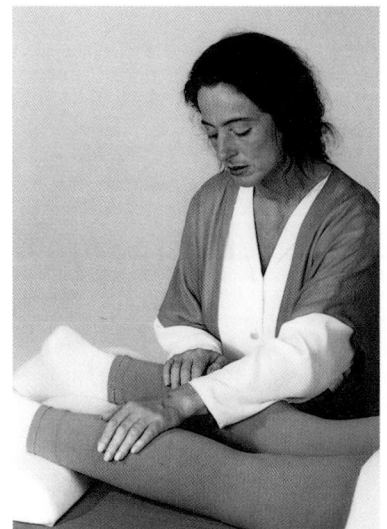 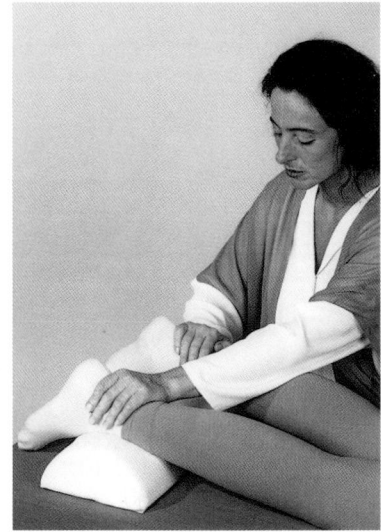

Waden   Achillessehnen, Fußgelenk

Zum Abschluß der
Behandlung kannst
Du den ganzen
Körper mehrmals
ausstreichen –
von den Schultern
über Rücken, Po
und Beine bis zu
den Füßen.

 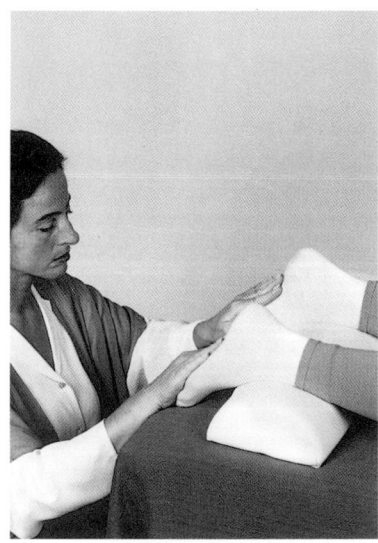

Fersen. *Über die Füße den ganzen*   Mittelfuß und Zehen
Menschen behandeln.

Der inneren Wahrnehmung folgen

Lernen, der
Intuition
zu vertrauen

Die vorgestellten Griffe sind Grundpositionen, die Dir als Grundlage und Orientierungshilfe für alle weiteren Behandlungsmöglichkeiten dienen. Darüber hinaus kannst Du natürlich den ganzen Körper berühren, den Kiefer zum Beispiel, Arme und Hände, die ganzen Beine entlang. Im Laufe der Zeit, je häufiger Du behandelst, werden Dir diese Grundpositionen zur Selbstverständlichkeit, und Du bekommst mehr Sicherheit und Gespür dafür, was Du selbst, Deine Freundin oder ein anderer gerade braucht. Dann lernst Du, Deiner Intuition zu vertrauen, läßt Dich mehr und mehr von Deinem Gespür leiten und folgst Deiner inneren Wahrnehmung. Dann hörst Du ihren Körper zu Dir sprechen, so als ob Dich bestimmte Körperstellen rufen, weil sie berührt werden möchten. Laß Deine Hände diesem Bedürfnis folgen. Auf diese Weise stellst Du Verbindungen her, die nicht schematisch ablaufen, und Du kannst Dich von der Systematik der vorgegebenen Griffe lösen. So ist es möglich, daß ihr beide in eine tiefe schweigende Kommunikation eintauchen könnt. Vielleicht erinnerst Du Dich in diesen Momenten an die Worte des kleinen Prinzen: »Man sieht nur mit dem Herzen gut, das Wesentliche ist für die Augen unsichtbar.«

Die Kurzbehandlung

Besonders
geeignet für
ältere Menschen
und Kinder

Da die Kurzbehandlung nur etwa 15 bis 20 Minuten dauert, eignet sie sich besonders gut für ältere Menschen und Kinder. Denn besonders ältere Menschen brauchen eine behutsame und langsame Eingewöhnungszeit. Kindern fehlt die Geduld, eine Stunde lang still zu liegen, wenn sie nicht an einer schweren Krankheit leiden und nach den ersten Minuten einschlafen.

… und für
Streßgeplagte

Aber auch alle, die beruflich sehr eingespannt sind und während ihrer Arbeit entspannen und neue Kraft schöpfen wollen, können in der Mittagspause oder einfach mal zwischendurch in kurzer Zeit Ruhe und Zentrierung erfahren. Vielen streßgeplagten Menschen gelingt es, sich diese zwanzig Minuten Zeit zu gönnen.

Besonders hilft die Kurzbehandlung denen, die mit schwerkranken oder behinderten Menschen arbeiten und häufig dazu neigen, ihre eigenen Kraftreserven überzustrapazieren.

Auch Sportler berichten mir, wie sie ihr Training unterbrechen, um sich in der Umkleidekabine gegenseitig zu behandeln, und dann wieder leistungsfähiger sind. Künstler erzählen, wie sie vor ihrem Auftritt und in den Pausen ihr Lampenfieber besser in den Griff bekommen und wie Reiki ihnen neue Impulse für ihre Arbeit gibt.

Einen ersten Eindruck von Reiki bekommen

Von allen Behandlungsmöglichkeiten eignet sich die Kurzbehandlung am besten, um einen ersten Eindruck von Reiki zu bekommen und seine Wirkung kennenzulernen, denn hierbei wirst Du selten mit den Erstverschlimmerungen verschiedener Krankheitssymptome konfrontiert.

Die Vorbereitung

Vorbereitungen und äußere Bedingungen sowie Deine innere Haltung sind bei dieser Behandlung den anderen Behandlungsmöglichkeiten ähnlich, mit dem Unterschied, daß hier Dein Kind, Freund, Bekannter oder Arbeitskollege während der Behandlung auf einem Hocker sitzt.

Der Dialog

Die Kurz-behandlung – Schritt für Schritt

Die Augen Deines Partners sind geschlossen, seine Hände liegen bequem auf den Oberschenkeln, beide Fußsohlen berühren den Boden. Hinter ihm stehend, legst Du zunächst Deine Hände auf sein *Haupt,* danach auf seine *Schläfen* (Foto Seite 73 links), dann auf die *Ohren,* die *Schultern,* die *Armkuppen (Schultergelenk).* Nun stellst Du Dich auf seine linke Seite und setzt die Behandlung mit dem »Mentalen Ausgleich« fort (Foto Seite 73 rechts), Deine linke Hand auf seinem *Stirn-Chakra* und die rechte am Hinterkopf auf der *Medulla Oblongata,* eine Handbreit über dem Haaransatz. Danach behandelst Du sein *Hals- und Nacken-Chakra* gleichzeitig, dann die *Thymusdrüse* und beide *Schultern.* Nacheinander legst Du nun Deine linke Hand auf das *Herz-Chakra* und das *Solarplexus-Chakra* und läßt sie jeweils so lange liegen, bis Du in entsprechender Höhe mit der rechten Hand den Rücken rechts und

Sich wieder sammeln mit dem **Zentrierungsgriff** (links), von der Flut der Sinneseindrücke abschalten und sich wieder konzentrieren mit dem **Mentalen Ausgleich** (rechts) – auch unabhängig von einer ganzen Behandlung

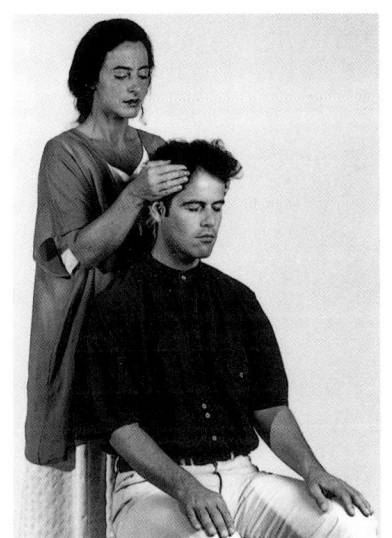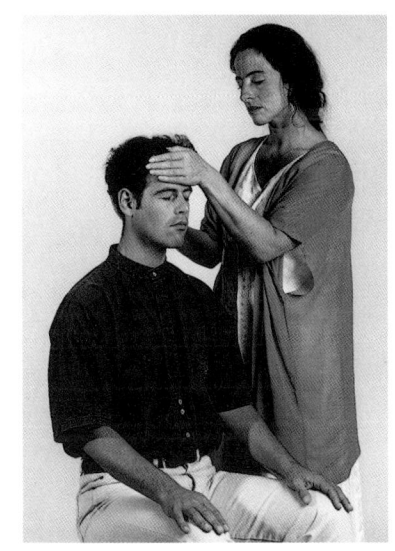

Beide Schläfen. *Ein sinnvoller Abschluß für jede Behandlung*

Stirn-Chakra, Hinterkopf (Medulla Oblongata)

links der Wirbelsäule behandelt hast – die *Schulterblätter und Lungen* und die *Nieren*. Zuletzt legst Du Deine linke Hand auf das *Sakral-Chakra*, während Du mit Deiner rechten *Kreuz- und Steißbein* berührst. Anschließend bleibt Deine rechte Hand auf dem *Steißbein* liegen, während Du mit der linken Hand zuerst das rechte und dann das linke *Knie* Deines Partners behandelst. Auch hierbei nimm eine für Dich bequeme Haltung ein. Wenn es Dir nicht möglich ist, auf dem Boden zu knien, setze Dich auf einen Hocker, um Deinen Rücken zu schonen.

Zum Abschluß ausstreichen

Beende die Behandlung, indem Du Dich hinter Deinen Partner stellst und dreimal hintereinander seine Schultern und Arme sowie seinen Rücken bis über die Hüften hinweg ausstreichst.

Schüttle Deine Hände aus und reibe sie einige Male aneinander. Dies hilft Dir, wieder zu Dir selbst zurück zu kommen.

Wichtig: der Austausch

Vielleicht mögt Ihr dann in Ruhe etwas trinken, bevor Ihr die Rollen tauscht? Wenn heute nicht genügend Zeit für den Wechsel bleibt, dann am nächsten Tag. Im Reiki-Austausch liegt eine kostbare Kraft verborgen, die zu einem Austausch führt zwischen »Geben« und »Nehmen«. Bist Du in dieser Beziehung wieder im Gleichgewicht mit Dir und Deinen Mitmenschen, dann bestimmen Selbstvertrauen, Selbstachtung, Anerkennung und Wertschätzung wieder mehr Deine Beziehungen.

Der Ausgleich der Chakren

Die Aufgabe der Chakren

Wie auf Seite 22 bereits erwähnt, haben die verschiedenen Chakren unterschiedliche Aufgaben. Um die weitreichende Bedeutung eines harmonischen Gleichgewichtes der Chakren untereinander zu verdeutlichen, welches mit dem Ausgleich der Chakren angestrebt wird, will ich die Aufgaben der verschiedenen Chakren kurz erläutern. Hierüber gibt es unterschiedliche Erkenntnisse und Auffassungen. Im Folgenden will ich meine eigenen Erkenntnisse und Erfahrungen wiedergeben.

Bezogen auf den Sinn unseres Daseins als Mensch in der Welt, aus übergeordneter Sicht sozusagen, ist das *Stirn-Chakra* das Zentrum unseres Denkens, im Sinne von intuitiver Erkenntnis; das *Herz-Chakra* ist das Zentrum unseres Fühlens, unserer Liebesfähigkeit und Verbundenheit mit allem Lebendigen im Hinblick auf unser Verhältnis zum »Geben« und »Annehmen«, unserem Mitgefühl und Verständnis. Das *Sakral-Chakra* ist das Zentrum unseres Wollens; gemeint ist »Wollen, was gewollt wird«, unsere Lebenslust im weitesten Sinne. Das bedeutet, daß wir uns erhalten, fortpflanzen und vermehren und uns mit allem, was wir tun, lustvoll und lebensbejahend verbinden können.

Durch das *Scheitel-Chakra* sind wir mit dem Universum verbunden, seiner allumfassenden Wahrheit. Diese allumfassende Wahrheit ist als »Höheres Selbst« in uns lebendig, allgegenwärtig.

Über das *Solarplexus-Chakra* erfahren wir unsere individuelle Aufgabe, unseren Sinn in diesem Leben. Wir gestalten und entfalten mit Hilfe unseres Unterscheidungs- und Abgrenzungsvermögens zwischen »Ich« und »Du« unsere Persönlichkeit.

Wie wir uns dann als Individuum zeigen, mit anderen Menschen Kontakt aufnehmen und unsere Bedürfnisse ausdrücken, spiegelt die Entwicklung unseres *Hals-Chakras* wider; das *Wurzel-Chakra* schließlich reflektiert, wie wir unsere Aufgabe erfüllen, unsere Ideen verwirklichen, Talente und Fähigkeiten in die Tat umsetzen.

In jedem Lebensalter oder Lebensabschnitt bedeutet dies für den Einzelnen Unterschiedliches.

Jedes Chakra repräsentiert einen Teil unseres Wesens

Gleichmäßige Entwicklung und Ausgewogenheit

Alle Themen, die wir als persönliche Aufgabe mit auf die Welt bringen, wiederholen sich im Laufe des Lebens viele Male und kehren auf unterschiedlichen Ebenen immer wieder. Auf diese Weise erhalten wir die Möglichkeit, sie unserer Entwicklung entsprechend zu lösen.

Um authentisch handeln zu können, was Ausdruck einer stabilen und selbstsicheren Persönlichkeit ist, bedarf es der gleichmäßigen Entwicklung der einzelnen Chakren und ihrer Ausgewogenheit untereinander.

Das persönliche Wachstum unterstützen

Deshalb eignet sich der regelmäßige Ausgleich der Chakren besonders gut, um unser persönliches und spirituelles Wachstum zu unterstützen, welches uns der Erfüllung der genannten Aufgaben näherbringt – was immer dies für den Einzelnen bedeuten mag, und das herauszufinden letztlich auch die Aufgabe eines jeden ist.

Der Ausgleich der Chakren erhöht die Schwingungsfrequenz der einzelnen Chakren und die Intensität der Leuchtkraft ihrer Farben, die wiederum Ausdruck unseres persönlichen Reifegrades sind.

Bei einem Menschen, der sich mit sich, anderen und der Welt im harmonischen Gleichgewicht befindet, können diese Farben jene Leuchtkraft erreichen wie die Farben, die Dr. Usui damals vor seiner Einweihung am Himmel sah:

Die Farben der Chakren

Scheitel-Chakra – violett,
Stirn-Chakra – indigoblau,
Hals-Chakra – hellblau,
Herz-Chakra – grün,
Solarplexus-Chakra – goldgelb,
Sakral-Chakra – orange,
Wurzel-Chakra – rubinrot.

75

Die Behandlung

Kurze Behandlungs-dauer
Der Ausgleich der Chakren dauert, wie die Kurzbehandlung, etwa 15 bis 20 Minuten. Deshalb eignet auch er sich für Kinder und ältere Menschen.
Du kannst ihn bei Dir oder anderen anwenden, sitzend oder liegend. Nachdem Du alle notwendigen Vorbereitungen, wie auf Seite 46 und 57 beschrieben, getroffen hast, harmonisierst Du die Aura (Seite 58). Nun kannst Du mit dem Ausgleich beginnen (genaue Lage der Chakren siehe Seite 22/23).

Der Dialog

Der Ausgleich der Chakren – Schritt für Schritt
Lege Deine rechte Hand auf das Scheitel-, Deine linke auf das Wurzel-Chakra. Jetzt brauchst Du etwas Geduld, denn meistens dauert es eine Weile, bis Du in beiden Händen die gleiche Wärmeenergie spüren kannst. Solange nämlich solltest Du Deine Hände auf beiden Chakren liegen lassen.
Danach wiederholst Du das Gleiche mit Stirn- und Sakral-Chakra, dann mit Hals- und Solarplexus-Chakra, bis Du schließlich Deine Hände auf der Thymusdrüse und dem Herz-Chakra liegen läßt.
Wenn Du auch hier einen Energieausgleich spüren kannst, lege Deine Hände nochmals auf diejenigen Chakren, deren Schwingungsfrequenz während der Behandlung am niedrigsten waren. Dadurch werden sie angeregt und die Aufmerksamkeit des Empfangenden gezielt auf sie gelenkt.
Zum Schluß harmonisierst Du wieder die Aura (Seite 58).

Empfehlung: Auf den Grundlagen des Verana®-Farbfoliensystems habe ich Farbkarten entwickelt, die den Farben der einzelnen Chakren entsprechen. Mit ihrer Hilfe kannst Du die Schwingungsfrequenz der Chakren erhöhen und den Ausgleich unterstützen.
Die Farbkarten können bei mir bestellt werden (siehe »Adressen, die weiterhelfen«, Seite 92).

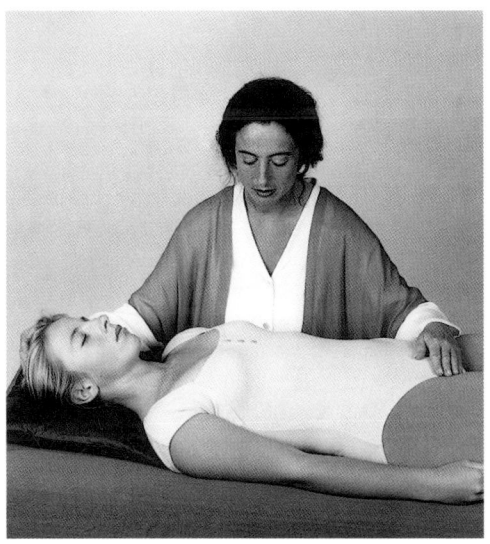

Scheitel-Chakra mit Wurzel-Chakra. *Kosmische Wahrheit in der Welt verwirklichen*

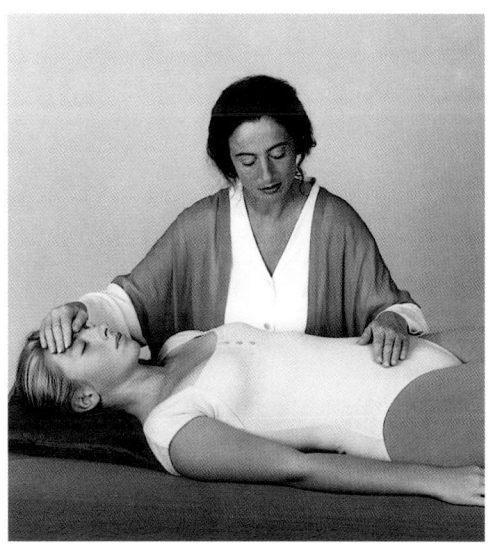

Stirn-Chakra mit Sakral-Chakra. *Intuitive Erkenntnis mit Lebenslust verbinden*

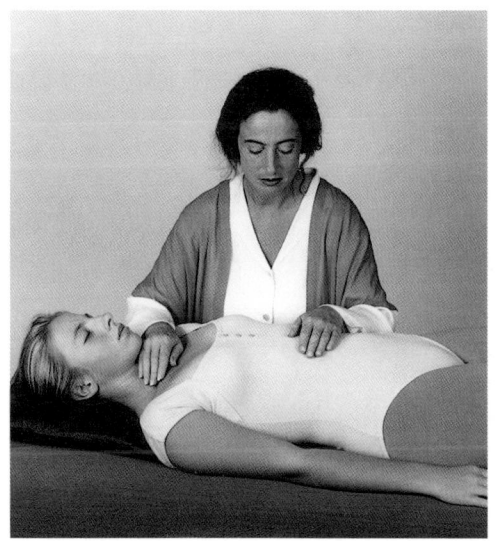

Hals-Chakra mit Solarplexus-Chakra. *Sich selbst verwirklichen zwischen Ich, Du, Wir*

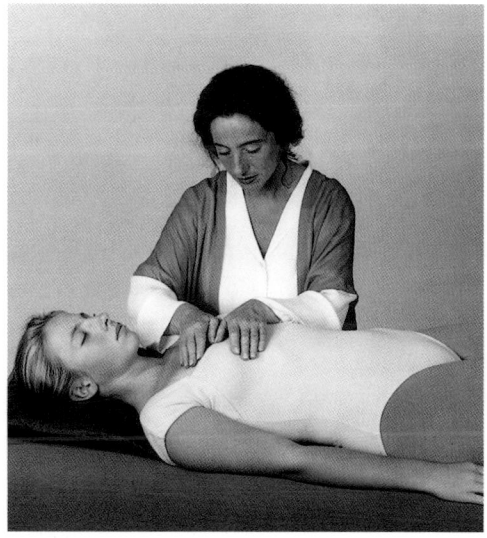

Herz-Chakra mit Thymusdrüse. *Liebesfähigkeit stärken im Annehmen und Geben*

Reiki für Eltern und Kinder

Hilfe während der Schwanger- schaft

Wenn Du schwanger bist, und wenn sich die Hormonumstellung Deines Körpers in den ersten Schwangerschaftsmonaten durch Übelkeit, Kreislaufbeschwerden oder Depressionen äußert, dann helfen dir Reiki-Behandlungen, diese Beschwerden zu lindern oder ganz zu beseitigen. Viele Frauen berichten mir immer wieder, wie wohltuend sie die entspannende Wirkung der Behandlungen während der Schwangerschaft erlebten, wie ihnen die Selbstbehandlung half, auch schon vor der Geburt eine liebevolle Beziehung zu ihrem werdenden Baby herzustellen und wie der gegenseitige zärtliche Austausch mit ihren Partnern dazu führte, behutsam in die gemeinsame Verantwortung hineinzuwachsen.

Ein Vater erzählte mir einmal ganz stolz: »Mit meinen eigenen Händen konnte ich meiner Frau die Wehenschmerzen erleichtern, und schon nach einer Stunde war das Baby da!«

... und nach der Geburt

Auch in der Zeit nach der Geburt, wenn Euer Schlaf häufig unterbrochen wird und Ihr viel Energie braucht, um Euch auf die veränderte Situation einzustellen, findet Ihr mit Reiki Unterstützung – nicht zuletzt deshalb, weil nach den Einweihungen in den I. Grad bei jeder Berührung Reiki fließt. Ob es die Krämpfe Eures Babys sind oder der Milchstau in Deiner Brust, die aufgelöst werden wollen, oder Deine eigene Ungeduld und Nervosität, die oft eine Folge der Überbelastung der ersten Monate sein kann: Reiki gibt Dir die Ruhe und Gelassenheit wieder, die Du dann so dringend brauchst.

Zwanzig Minuten Zeit kannst Du Dir immer nehmen, um zum Beispiel deine Chakren auszugleichen.

Kinder behandeln

Zum Einschlafen

Wieviele Kinder können nur schwer einschlafen! Wenn Du Dich zu Deinem Kind auf die Bettkante setzt und ihm eine Hand auf den Bauch, den Nabel, die andere auf sein Scheitel-Chakra legst, vergehen oft nur zehn Minuten, bis es schläft und Du selber ein wenig Ruhe gefunden hast. Manche Kinder mögen es lieber, wenn Du ihre Füße behandelst. Und, wie Du schon weißt, behandelst Du beim Berühren der Füße den ganzen Menschen.

Bei Krankheit den Heilungs- prozeß beschleunigen

Es gibt auch Situationen, in denen sich Dein Kind nicht gerne anfassen läßt. Zum Beispiel, wenn es erkältet ist oder mit einer fiebrigen Grippe im Bett liegt. Wenn Du dann schon gelernt hast, eine Fernbehandlung zu geben, wirst Du erstaunt sein, wie bereits nach kurzer Zeit Besserung eintritt. Jedoch auch hierbei gilt die Regel, vier Behandlungen hintereinander zu geben. Diese kannst Du, jeweils 15 bis 20 Minuten lang, auf den Tag verteilen. Laß Dich durch die Erstverschlimmerung, die häufig nach der ersten Behandlung auftritt, nicht verunsichern; sie ist ein Zeichen dafür, daß die Behandlung angeschlagen hat.

Reiki beschleunigt den Heilungsprozeß, so daß Du gerade bei allen Kinderkrankheiten und bei Verletzungen, die sich Dein Kind beim Spielen zufügt, helfen kannst, es schneller von seinen Beschwerden zu befreien. Selbst wenn Dein Kind an einer schweren Krankheit leidet, wie Krebs, Leukämie, Aids oder Multiple Sklerose, kannst Du ihm Erleichterung verschaffen, Schmerzen lindern helfen und Dich mit ihm, immer wieder, in wärmender und herzlicher Nähe verbinden.

Auch wenn es darum geht, es beim Sterben zu begleiten, hilft Dir Reiki, Dein Kind loszulassen, Deine Verzweiflung und den eigenen Schmerz zu überwinden, damit Du die nötige Kraft bekommst für diese schwere Zeit. Einmal gab ich einem sechsjährigen, an Leukämie erkrankten Mädchen die Einweihungen in den I. Grad. Nach der letzten Einweihung schlug es die Augen auf, legte beide Hände auf sein Herz-Chakra und sagte: »Jetzt wird alles gut, mein Herz ist aufgegangen.«

Die Einweihungen in den I. Grad für Kinder

Wenn wir auf die Welt kommen, ist unsere persönliche Lebenskraft meistens noch vollkommen mit der universalen Lebensenergie verbunden, so daß durch unsere Energiekanäle die universale Lebensenergie frei fließen kann. Wenn uns ein Kind dann seine Hände auf eine schmerzhafte Stelle unseres Körpers legt, werden seine Hände sofort sehr warm und wir können den heilenden Energiestrom spüren.

Es sei denn, daß schon vor der Geburt oder im Verlauf der ersten Lebensjahre Blockaden entstanden sind (Seite 28). Da es kaum ein

Kinder gehen mit
Reiki unbefangen
und spontan um

Sicherheit, sich
selber helfen
zu können

Spielerische
Vermittlung

Schulkind gibt, das frei von solchen Blockaden ist, kann durch die Einweihungen in den I. Grad schon frühzeitig der freie Energiefluß wieder-
hergestellt werden. Dies gibt unseren Kindern Sicherheit und Mut, sich
selber helfen zu können und sich entweder die Unbefangenheit beim
Berühren zu bewahren oder wieder zu entwickeln.

Deshalb gebe ich auch für Kinder ab dem Schulalter I.-Grad-Seminare,
wenn sie selbst es wollen und ihr Wunsch einer eigenen positiven
Erfahrung mit Reiki durch Mutter oder Vater entspringt. Auf diese Weise
können sie nach dem Seminar von ihren Eltern unterstützt werden und
den lebendigen Austausch mit ihnen finden.

In meinen Kinder-Seminaren bilden Singen, Tanzen, Malen und Spiele
den Rahmen für die verschiedenen Behandlungen. Kinder verhalten sich
beim Behandeln meist sehr spontan, da sie noch mehr mit ihrer Intuition
verbunden sind als die meisten Erwachsenen.

Nachdem die Kinder gemeinsam Beispiele gefunden haben, in welchen Situationen sie sich, Freunden oder ihren Haustieren mit Reiki helfen können, begleite ich sie mit einer Phantasiereise bei ihrer ersten
Behandlung.

Es ist mir sehr wichtig, ihnen auf spielerische Weise Reiki als kostbares
Geschenk zu vermitteln.

Tiere und Pflanzen behandeln

Reiki für Haustiere

Katzen, Hunde, Pferde, Vögel und andere Tiere lassen sich gern mit Reiki behandeln, zum Beispiel bei Bronchitis, Magen-Darm-Beschwerden, Blasenentzündungen, Tumoren, Verletzungen oder nach Operationen.

Beschwerden lindern

Während Du ihnen Deine Hände auf Brust, Bauch oder Rücken legst oder auf eine verletzte Pfote, genießen sie in stiller Aufmerksamkeit die wärmende Energie. Dann spitzen sie ihre Ohren, als ob sie die Energie hören könnten. Da das Hörvermögen bei Katzen und Hunden wesentlich höher liegt als bei uns, scheint diese Vermutung gar nicht so abwegig zu sein. Es müßten zum Beispiel 1 000 Mäuse auf einmal pfeifen, damit wir sie hören, während bei einer Katze das Wispern nur einer Maus genügt.

Katzen schnurren vor Wohlbehagen und entspannen ihren kleinen Körper, indem sie sich Deinem Schoß anschmiegen. Genußvoll räkeln sie sich, wenn sie von Dir eine andere Körperstelle behandelt haben möchten, und wenden sie Dir zu, als ob sie sagen wollten: »Bitte hier auch noch.« Wenn sie genug haben, dann springen sie auf und laufen davon. Du kannst Dich immer auf ihr Gespür verlassen.

Beweis für die Wirksamkeit

Tiere können sich nichts einbilden. Der Placeboeffekt funktioniert bei ihnen nicht. Daß sie dennoch schneller nach einer Krankheit oder Operation genesen, Magen-Darm-Beschwerden behoben werden und sich ihr Appetit schon nach einer kurzen Behandlung wieder einstellen kann, zeigt, daß Reiki bei Tieren nicht auf geistige Blockaden stoßen kann wie bei uns. Ebenso, daß Reiki unabhängig von Glauben oder Einbildung wirkt.

Tiere nehmen Deine Aura sehr feinfühlig wahr. Sie spüren an Deinen Händen, daß Du Reiki weitergeben kannst. Wenn sie bedürftig sind, dann fordern sie sich eine Behandlung von Dir regelrecht ein.

Tiere lassen sich gerne mit Reiki verwöhnen

Tiere holen sich, was sie brauchen

Vor einigen Jahren behandelte ich einen Freund nach einem längeren Krankenhausaufenthalt eine Woche lang täglich mit Reiki.

Sein Hund, ein Collie, wollte dies jedoch anfänglich nicht zulassen.

Eindeutige Aufforderung

Fortwährend schnupperte er an meinen Händen, jaulte dabei und schaute mich hilfesuchend an – bis ich die Behandlung unterbrach und mich ihm zuwendete. Ich verwöhnte ihn nur etwa 10 Minuten mit Reiki; dann stand er auf und setzte sich in einiger Entfernung von uns aufrecht hin. Von dort aus beobachtete er still und aufmerksam, wie ich sein Herrchen behandelte.

Bei meinen nächsten Besuchen wurde ich immer schwanzwedelnd von ihm begrüßt. Er eilte mir voraus und legte sich auf den Teppich des Wohnzimmers auf seinen Rücken, alle vier Beine von sich gestreckt. Ich gab ihm seine gewünschte Portion Reiki auf den Bauch und konnte anschließend ungestört meinen Freund behandeln.

Reiki für Pflanzen

Pflanzen gedeihen besser mit Reiki und erfreuen Dich in Deiner Umgebung durch ihre vitale Spannkraft, die sie dann ausstrahlen.
Um sie zu behandeln, legst Du Deine Hände um den Topf. Reiki fließt durch jedes Material hindurch zu den Wurzeln. Auch hierbei spürst Du nach einer Weile Wärme und Kribbeln als Zeichen dafür, daß Reiki fließt. Zusätzlich kannst Du auch die Blätter und Blüten aus einiger Entfernung, in etwa 5 bis 10 cm Abstand, behandeln. Schau einmal genau hin, dann siehst Du, wie sie sich manchmal aus Wohlbehagen leicht wiegen. Sie mögen es auch, wenn Du mit ihnen sprichst und haben eine besondere Vorliebe für klassische Musik, denn sie haben eine Seele (Tompkins/Bird, »Bücher, die weiterhelfen«, Seite 96).
Wenn Du einen Garten hast, im Frühjahr säst und neue Pflanzen setzt, dann empfehle ich Dir, die Samen in Deinen Händen zu halten, bevor Du sie der Erde überläßt. Es ist dann gerade so, als ob Du ihnen ein bißchen Licht mit in die Dunkelheit gibst. Das gleiche gilt für die Wurzeln der Pflanzen, die Du neu setzen willst.

Wurzeln, Blätter und Samen behandeln

Beeindruckender Behandlungserfolg

Einmal rief mich eine ehemalige Seminarteilnehmerin aufgeregt an. Sie erzählte mir, wie sie einen angebrochenen Rosenzweig am Rosenstock in ihrem Garten geschient hatte. Nachdem sie dann diese Stelle einige Tage lang mit Reiki behandelt hatte, erblühte eine Rose an diesem Zweig. Welch ein Behandlungserfolg, denn es war Februar!
Zunächst wollte ich ihr das nicht glauben. Um so mehr berührte es mich, als ich in ihrem Garten stand und inmitten von schneebedeckten Wegen und Sträuchern diese einzige Rose sah.
Märchenhaft mitten im Winter!

Eine Rose im Winter

Vertiefung und Meisterschaft

Das II.-Grad-Vertiefungsseminar

Dieses Seminar findet ebenfalls an einem Wochenende statt, nur daß es schon Freitag abends beginnt und Du den dritten Tag für Dich selbst nutzt. Ich empfehle Dir auch für dieses Seminar, den Zeitpunkt so zu wählen, daß Du ausreichend Gelegenheit findest, in Ruhe und Muße mit Dir allein zu sein, um das Gelernte und Erlebte verinnerlichen und integrieren zu können.

Die heiligen Symbole

Der erste Abend dient dem Erlernen der heiligen drei Symbole aus dem Lotus-Sutra, die Schlüssel für den Umgang mit der Geist- und Fernheilung sind. Um möglichst viele Sinne beim Erlernen der Symbole anzusprechen, malen und zeichnen wir sie, sprechen und singen ihre Mantren und erspüren sie in der eurythmischen Bewegung. Dies hilft, sie Dir gut einzuprägen, und Du erfährst ihre Bedeutung.

Die Einweihung

Zum Abschluß dieses Abends wirst du dann eingeweiht. Während des Einweihungsrituals wird Dein Solarplexus-Chakra- und Sakral-Chakra-Kanal wieder frei durchlässig für die heilende Lichtenergie, die dann noch intensiver durch Deine Hände fließen wird.

Mit der Einweihung werden Dir die heiligen Symbole und deren weitreichende Bedeutung für die Geist- und Fernheilung eingeprägt. Ihren tieferen Sinn wirst Du erst im Laufe Deiner eigenen Erfahrungen mit ihnen begreifen lernen. Ohne diese Einweihung könntest Du nichts mit den Symbolen bewirken.

Erlebnisse bei der Einweihung

Auch diese Einweihung bleibt für Dich ein einmaliges Erlebnis, wenn sie gewissenhaft nach den Regeln von Dr. Usui gegeben wird. Als Reaktion darauf können dann bei Dir unbewußte Erlebnisinhalte Deiner Vergangenheit wieder auftauchen oder Visionen für Deine Zukunft. Das ereignet sich nicht zwangsläufig bei jedem in dieser Weise, ist jedoch häufig eine Folge der Einweihung.

Um diese Erlebnisinhalte dann am nächsten Tag, gemeinsam mit den anderen Teilnehmern, so bearbeiten zu können, wie es Deiner momentanen Situation angemessen erscheint, brauchst Du genügend Zeit und

Ruhe für Dich selbst. Deshalb gönne Dir genügend Schlaf, damit Du während Deiner Träume Gelegenheit findest, Dich auf den nächsten Tag einzustimmen – ohne durch äußere Einflüsse abgelenkt zu werden. Deine Bereitschaft, Dich auf bestimmte Erlebnisinhalte Deiner Vergangenheit oder auf zukünftige Ziele und Visionen einzulassen, werden so mehr aus den unbewußten Tiefen Deiner Seele bestimmt, die Deinem Wesenskern näher sind als Dein Verstand. Denn durch die Einweihung in den II. Grad werden hauptsächlich die feinstofflichen Energiekörper Deiner Aura angesprochen (Seite 20).

Sich mit dem inneren Wissen verbinden

Zugang zu tieferem Wissen

Der II. Grad bedeutet *Oku Den,* »Tieferes Wissen«, tieferes Wissen auf diesen Ebenen. Der II. Grad ermöglicht es Dir, wieder Zugang zu dem Wissen zu finden, welches Deine Intuition, Dein Unter- beziehungsweise Dein Überbewußtsein, Dein »Höheres Selbst«, in sich birgt. Mit Hilfe der Geist- und Fernheilung, die wir am zweiten Tag des Seminars zusammen üben, ist es Dir möglich, Dich wieder stärker als bisher mit diesem Wissen zu verbinden. Aus der weisen Quelle Deines Wesens, oder wie Du auch sagen könntest, Deines inneren Meisters, erhältst Du dann Einblicke in die Hintergründe Deiner Beschwerden und Konflikte, und es fallen Dir alternative Lösungsmöglichkeiten ein. Es ist dann so, als ob sich Schleier lüften, die Dir zuvor die Wahrnehmung für Phänomene aus diesen Bereichen getrübt haben.

Sich mit der Vergangenheit aussöhnen

Geist und Seele heilen

Mit der Geistheilung können wir uns in erster Linie an die Auflösung verinnerlichter falscher Überzeugungen richten, die auf irrtümlichen Interpretationen von Erlebtem aufgebaut sind. Meist reicht deren Entstehung bis in unsere frühe Kindheit zurück (Seite 29). Solche falschen Überzeugungen können sich zu Glaubenssätzen verdichtet haben wie: »Das kann ich nicht.« »Das schaffe ich nie.« »Keiner liebt mich.« »Wenn ich wirklich zeige, was ich denke und fühle, dann werde ich verletzt, ausgelacht!« Oder: »So sehr ich mich auch anstrenge, es ist nie genug.

Ich werde doch nicht geliebt.« Oder: »Ich brauche gar nicht erst meine Stimme zu erheben, mich nimmt doch keiner ernst.« Aus diesen entmutigenden Selbstbildern spricht der Berührungsmangel, die Sehnsucht nach liebevoller Zuwendung. Wir können vergangene Ereignisse oder gar traumatische Erlebnisse nicht unvergessen machen, auch die Verwirklichung unserer Träume nicht herbeizaubern. Doch können wir uns selbst nachträglich das geben, was wir entbehren mußten, und all denen, die daran beteiligt waren. Zum Beispiel Liebe, Vertrauen, Verständnis, Geborgenheit und Sicherheit. Dies stärkt unser Selbstbewußtsein und nährt unsere Hoffung für die Zukunft in unsere eigene Kraft.

Liebevolle Botschaften übermitteln

Den Vater, der uns vielleicht im Zorn geschlagen hat, können wir nicht ändern, auch nicht die Mutter, die dabei schweigend zusah. Doch können wir dem Vater zum Beispiel Liebe, Geduld, Einfühlungsvermögen und Toleranz schicken und der Mutter Mitgefühl und Mut, ihre Gefühle zu äußern. Wir verstehen dann nachträglich die Hilflosigkeit der beiden, die sie zu diesem Verhalten geführt hat, und können ihnen verzeihen. Oder wir können unseren Kindern Selbstvertrauen und Mut schicken, innere Gelassenheit und Konzentrationsvermögen, um sie zum Beispiel in der Schule zu unterstützen; den Lehrern Aufgeschlossenheit für die Probleme ihrer Schüler, Wohlwollen und Verständnis.

Über die Grenzen des Ichs hinauswachsen

Fernheilung ermöglicht es Dir, Dich wie ein Adler über Dein eigenes Leben zu schwingen und dieses immer ein Stückchen mehr aus der kosmischen Wahrheit heraus zu erleben.

Innere Freiheit gewinnen

Dann kehrst Du erweitert aus dieser Vogelperspektive zurück und spürst den Zuwachs an Freiheit, den Du daraus gewonnen hast. Über Grenzen hinweg kannst Du dann Frieden in die ganze Welt senden.

Botschaften, die das Leben bejahen

Damit Deine Botschaften auch ankommen, die Du nun mit Hilfe der Geistheilung weiterleiten kannst, ist es notwendig, daß Du sie immer positiv formulierst. Denn Negationen werden von unserem Gehirn gelöscht. Demnach heißen diese Botschaften dann »Frieden« und nicht etwa »kein Krieg«, oder »Du bist frei von Angst« und nicht »Du hast keine Angst«. Denn Reiki sind Wärme- und Lichtwellen, welche die Eigenschaften haben, zu strahlen, sich auszubreiten, frei von Schatten. Das heißt, an ihrer Stelle können nie gleichzeitig Schatten sein.

*Positiv
formulieren*

Du könntest also negative Botschaften, auch wenn sie positiv gemeint, jedoch negativ ausgedrückt sind, nicht mit Reiki weiterleiten. In diesem Falle würde Reiki zu Dir selbst fließen, um Deine eigenen Blockaden zu lösen, die Dich daran hindern, klar und deutlich positiv zu denken.

*Innere
Einstellungen
ändern sich*

Im Laufe der Zeit wirst Du bei regelmäßiger Anwendung der Fern- und Geistheilung bei Dir und anderen, die Du behandelst, Einstellungsänderungen feststellen, die lebensbejahender werden, besonders bei Menschen, die unter Depressionen, Schlaflosigkeit und Süchten leiden oder zu Nervenzusammenbrüchen neigen.
Der unmittelbare Zusammenhang Deines Denkens und Deiner Einstellung mit den Ereignissen des täglichen Lebens wird Dir dann zunehmend bewußter.

Anwendung und Übung

*Dauer und
Intensität*

Obwohl Du nun für eine Fern- und Geistheilung nur etwa 20 bis 30 Minuten Zeit brauchst, wirst Du spüren, daß ihre Wirkung um ein Vielfaches intensiver ist. Diese Tatsache kommt vielen Menschen mit medizinischen Heilberufen, auch Psychotherapeuten, zugute, da sich eine solche Behandlung eher im Berufsalltag verwirklichen läßt.
In der Zeit nach diesem Seminar gebe ich die Möglichkeit, an regelmäßigen Übungstreffen teilzunehmen. Gedacht sind sie als Anregung, Austausch und Vertiefung, um den verantwortungsbewußten und eigenständigen Umgang mit Fern- und Geistheilung kreativ zu unterstützen.

»Adler-Freiheit«

Zunehmend klarer wirst Du dann hinter den Schleiern, die Deine Selbstwahrnehmung getrübt haben, den Reichtum Deines eigenen Wesens entdecken. Du wirst lernen, Dich wieder mit Deinen Talenten und Gaben zu identifizieren, die Dir jene »Adler-Freiheit« schenken, authentisch und selbstbewußt zu handeln.

Der Weg zur Meisterschaft

Mit regelmäßiger Anwendung der Geist- und Fernheilung spürst Du immer deutlicher, wie Du Dich dieser Freiheit nähern kannst. Vielleicht reift dann auch in Dir der Entschluß, den Weg zur Meisterschaft zu gehen.

Mein persönliches Ausbildungs- konzept

Hierfür habe ich ein dynamisches Ausbildungskonzept entwickelt, welches auf meinen bisherigen Ausbildungen und Erfahrungen und den Richtlinien der *Reiki Alliance* basiert und sich den individuellen Fähigkeiten und Bedürfnissen der Meisterschüler anpaßt.

Die Aufgabe einer Reiki-Meisterin oder eines Reiki-Meisters ist es, sehr unterschiedliche Menschen während der I.- und II.-Grad-Seminare und der Meisterausbildung zu begleiten, sie mit dem *Dr.-Usui-System der natürlichen Heilung*, seinen Wesensmerkmalen und verschiedenen Behandlungsmöglichkeiten vertraut zu machen, und die jeweiligen Einweihungen zu geben.

Da diese Aufgabe kritische Selbsteinschätzung, Vielseitigkeit, Flexibilität, Einfühlungsvermögen und Verantwortungsbewußtsein erfordert, empfehlen die Richtlinien der *Reiki Alliance* eine einjährige Ausbildungsdauer und dies bei einer Reiki-Meisterin oder einem Meister, die bereits dreijährige Berufserfahrung gesammelt haben.

Mindestens ein Jahr Erfahrung sollten zwischen der Einweihung in den II. Grad und dem Beginn der Meisterausbildung liegen.

Individuelle Ausbildung

Motivation und Inhalte klären

Bevor ich Reiki-Schüler zur Meisterschaft begleite, klären wir zuerst in einigen Arbeitswochenenden wichtige Fragen bezüglich der Ausbildung und die nächsten Schritte für den persönlichen Weg zur Meisterschaft: »Welche Motivation bestimmt die Entscheidung, Reiki-Meister werden zu wollen?« »Welche Voraussetzungen sind für diese Ausbildung zu erfüllen, welche Aufgaben und Inhalte bestimmen den Weg dorthin – um bestmöglich auf die bevorstehenden Aufgaben als Reiki-Meister vorzubereiten, uns gegenseitig zu ergänzen und voneinander zu lernen?«

Wenn nach diesen Wochenenden die Entscheidung klar ist, daß wir das Ausbildungsjahr gemeinsam gestalten werden, beginnt die eigentliche Vorbereitung auf die Meistereinweihung. Sie beinhaltet die Teilnahme an verschiedenen Übungsgruppen, Hospitationen in meinen Seminaren, selbständige Leitung von Teilbereichen dieser Seminare, Mithilfe bei Informationsveranstaltungen und eigenständige Organisation eines I.- und II.-Grad-Seminars. Auf diese Weise können praktische Erfahrungen mit unterschiedlichen Menschen und ihren Reaktionen auf die Einweihungen und Behandlungen gesammelt und eigene Stärken und persönliche Begrenzungen innerhalb dieses Prozesses erprobt und erfahren werden. Diese bilden dann die Grundlage für unsere gemeinsamen Reflexionen.

Praktische Erfahrungen sammeln

Ich berate im Vorfeld und während Supervisionsgesprächen im Anschluß an die jeweiligen Seminare.

Ziel der Ausbildung

Persönliches Wachstum fördern

Mein Ziel ist es, den »Meister-Schüler« so in seinem persönlichen und spirituellen Wachstumsprozeß zu begleiten und zu unterstützen, daß seine Wahrnehmung von sich und anderen Menschen sensibilisiert wird, seine Bereitschaft wächst, sich auch auf herausfordernde Begegnungen liebevoll einzulassen, und er seinen eigenen Schwächen gegenüber Geduld und Gelassenheit entwickelt.

Die Ausbildung endet mit drei intensiven Übungstagen. Während dieser Tage findet die Einweihung in das Meistersymbol statt. Wir üben gemeinsam die Einweihungsrituale und klären alle damit im Zusammenhang stehenden Fragen.

Einweihung und Auftrag

Nach der Meister-Einweihung wird Reiki wieder frei durch den Wurzel-Chakra-Kanal fließen und helfen, die eigenen Ziele zu verwirklichen. Nun kann die Arbeit als Reiki-Meisterin oder Reiki-Meister beginnen und der damit verbundene Auftrag erfüllt werden.

Reiki lebt vom Austausch zwischen Geben und Annehmen, will fließen wie das Wasser von der Quelle bis ins Meer.

Dank für die Hilfe auf meinem persönlichen Weg

Beeindruckende Erfahrungen und Begegnungen mit anderen Menschen eröffneten mir den Zugang zu Reiki, begleiteten mich unterstützend auf meinem Weg zur Reiki-Meisterin, bei meinem Wachstumsprozeß bis heute.

Mit Vera Anna Suchanek und dem von ihr entwickelten Verana® Farbfoliensystem lernte ich neue Bereiche der Energiearbeit kennen, die mein Leben entscheidend beeinflußten. Die lebendigen Auseinandersetzungen mit ihr, mein kontinuierliches Einlassen auf die Farbenvielfalt und deren Lichtwirkungen führten mich schließlich zu Reiki. Dafür möchte ich Vera Anna Suchanek von ganzem Herzen danken. Denn ich fand wieder, was mir in meiner Kindheit selbstverständlich gewesen und aus meinen Erfahrungen mit der transzendentalen Meditation vertraut war: die Verbindung mit der transzendentalen Wirklichkeit. So integrieren sich für mich in Reiki und meinem Umgang mit dieser sanften Lichtenergie meine bisherigen Erfahrungen und Erkenntnisse vom Menschen in der Welt als Einheit von Körper, Seele, Geist und Transzendenz.

Um auch anderen Menschen mit Reiki diese ganzheitlichen Erfahrungen zu ermöglichen, wurde ich 1989 Reiki-Meisterin. Phyllis Lei Furumoto schenkte mir ihr Vertrauen für diese Aufgabe.

Reiki-Meister-Treffen mit ihr, Fortbildungen mit Paul Mitchell und John Wallace sowie Teilnahmen an Reiki-Meister-Konferenzen waren mir in meiner Arbeit hilfreich und haben mein persönliches Wachstum gefördert, besonders die Fortbildungen in Kanada während der »Community of Women«. Für die Unterstützung und Begleitung auf meinem Weg bin ich meinen Lehrern sehr dankbar.

Vor allem aber möchte ich allen meinen Schülern, besonders der Meister-Schülerin Ellen Erdmann, und meiner Tochter Sarah danken: Sie haben mir Anteile meiner Persönlichkeit lehrreich gespiegelt und waren für mich immer wieder Kraftquelle, meine Ideale weiterzuverfolgen.

Das Ziel meiner Arbeit sehe ich darin, jedem, der dafür aufgeschlossen ist, dabei zu helfen, seine inneren Kraftquellen wiederzufinden, um durch die liebevolle Berührung mit sich selbst und anderen dem Frieden in der Welt näherzukommen.

Zum Nachschlagen

Sachregister

Adressen,
die weiterhelfen

Reiki Alliance
E. 33135 Canyon Road
Cataldo, ID, 83810 USA

Reiki Alliance – European Office
Honthorststraat 40 III
NL – 1071 DG-Amsterdam

Reiki-Zentrum
Judith Hilswicht
Postfach 629
D – 52007 Aachen

Seminare, Beratung und Ausbildung,
auch für das Verana® Farbfoliensystem von Vera A. Suchanek

*Bei Anforderung von Prospekten
bitte Rückporto beilegen!*

Für Körper, Geist und Seele.

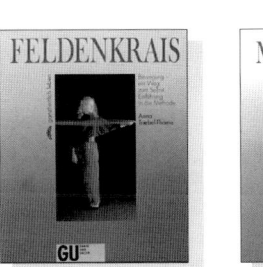  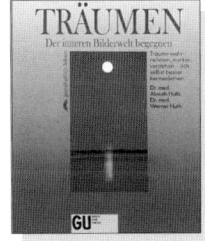

Änderungen und Irrtum vorbehalten.

Bücher und Kassetten, die weiterhelfen

Baginski, Bodo/Sharamon, Shalila, *Reiki – Universale Lebensenergie;* Synthesis Verlag, Essen
Das Chakra-Handbuch; Windpferd Verlag, Aitrang
Horan, Paula, *Die Reiki-Kraft;* Windpferd Verlag, Aitrang
Haberly, Helen J., *Die Geschichte von Hawayo Takata;* Archedign Publication – oder zu beziehen über die Reiki Alliance/European Office (siehe Adressen, Seite 92)

Kybalion; Akasha Verlag, Haar
Adler, Alfred, *Der Sinn des Lebens;* Fischer TB Verlag, Frankfurt
Fromm, Erich, *Haben oder Sein;* dtv, München
Schellenbaum, Peter, *Abschied von der Selbstzerstörung – Befreiung der Lebensenergie;*
Die Wunde der Ungeliebten – Blockierung und Verlebendigung der Liebe; beide: dtv, München
Liedloff, Jean, *Auf der Suche nach dem verlorenen Glück,* C. H. Beck Verlag, München
Postman, Neil, *Wir amüsieren uns zu Tode,* Fischer TB Verlag, Frankfurt
Lowen, Alexander, *Bio-Energetik – Therapie der Seele durch Arbeit mit dem Körper;* Rowohlt TB Verlag, Reinbek

Hoffmann, Richard/Gudat, Ulrich, *Bioenergetik – Lebensenergie freisetzen;* Gräfe und Unzer Verlag, München

Dahlke, Rüdiger, *Krankheit als Sprache der Seele;* Bertelsmann Verlag, München
Hay, louise L., *Heile Deinen Körper,* Alf Lüchow Verlag, Freiburg
Ohashi, Wataru, *Körperdeutung – Östliche Diagnose und Therapie,* H. Bauer Verlag, Freiburg
Massage – Anleitung zu östlichen und westlichen Techniken; Mosaik Verlag, München
Cardas, Elena, *Atmen – Lebenskraft befreien,* Gräfe und Unzer Verlag, München
Chopra, Deepak, *Die Heilende Kraft – Ayurveda, das altindische Wissen vom Leben und die modernen Naturwissenschaften;* Lübbe Verlag, Bergisch Gladbach
Griscom, Chris, *Die Heilung der Gefühle – Angst ist eine Lüge;*
Leben ist Liebe, beide: Goldmann Verlag, München

Goethe, J., *Farbenlehre,* Verlag Freies Geistesleben, Stuttgart
Eberhard, Lilli, *Heilkräfte der Farben,* Drei Eichen Verlag, Ergolding
Vollmar, Klausbernd, *Farben – ihre natürliche Heilkraft;* Gräfe und Unzer Verlag, München

Weise, Devanando Otfried, *Harmonische Ernährung,* Goldmann Verlag, München
Faller, Adolf, *Der Köper des Menschen – Einführung in Bau und Funktion,* dtv, Stuttgart
Zerlegbare anatomische Tafeln für den Handgebrauch. Modell des weiblichen/männlichen Körpers; Alwin Fröhlich Verlag, Frankfurt

Dürckheim, Karlfried von, *Das Tor zum Geheimen öffnen,* Herder Verlag, Freiburg
Steiner, Rudolf, *Wie erlangt man Erkenntnisse der höheren Welten?,* R. Steiner Verlag, Dornach
Horan, Paula/Ziegler, Brigitte, *Kraft aus der Mitte des Herzens,* Windpferd Verlag, Aitrang
Wilde, Stuart, *Wunder;*
Die Kraft ohne Grenze, beide: Sphinx Verlag, Basel
Redfield, James, *Die Prophezeiungen von Celestine,* Heyne Verlag, München

Bach, Richard/Munson, Russel, *Die Möwe Jonathan;* Ullstein Verlag, Berlin

Tompkins, Peter/Bird, Christopher, *Das geheime Leben der Pflanzen;* Fischer TB Verlag, Frankfurt

Kassetten

Furumoto, Phyllis Lei, *The Usui System of Natural Healing;* Jürgen Kindler Verlag, Frankfurt
Desire for Love; Rolf Eugen Barttenbach, Windpferd Verlag, Aitrang
Silent Joy; Anugama, Meistersinger Musik, Forchheim
Inner Sanctum; Aeoliah
Majesty; Aeoliah
Merlin's Magic – Reiki; Windpferd Verlag, Aitrang
Frieden – Shanti – Peace; Sattva Art Music
Sounds of the Heart; Karunesh, Anugama Verlag